위대한수업
월드클래스
따 라 잡 기
|MINDSET|

정순기 / 이정규 지음

공감의기쁨

이 책을
전 세계 곳곳에서
태권도정신을 구현하는
사범들께 바칩니다.

위대한 수업 월드클래스 따라잡기 [MINDSET]

1판 1쇄 발행   2019년 5월 15일

지은이   정순기 이정규

펴낸곳   공감의기쁨

등록   2011년 7월 20일 제 313-2011-204호

E-mail   goodbook2011@naver.com

ISBN   979-11-86500-44-6 (13320)

"품성·지식·도덕심 높은 경지로 끌어올리는 지침서"

이규형

이학박사, 전 국기원장

정순기 관장님의 저서 발간을 축하드리며 태권도 발전과 국위선양을 위해 미국에서 월드클래스(WORLD CLASS TAEKWON-DO CENTER)를 설립해 성공적으로 관리하고 경영하면서 끊임없는 연구와 노력을 해주신 노고에 감사드린다.

태권도는 대한민국 고유의 무도이자 올림픽 스포츠로 우리의 자랑스러운 문화유산이다. 5,000년 민족사와 함께해 온 우리 태권도는 오늘날 수많은 태권도인의 관심과 사랑 속에서 계속 발전해 전 세계 209개 국 1억5,000만 명 이상이 태권도를 수련할 정도로 나날이 성장하고 있다. 태권도의 위상이 높아진 만큼 태권도 발전을 위해 더 체계적이고 깊이 있는 연구가 요구되는 시점에 태권도 도장 경영과 인성교육을 올바로 알 수 있는 책이 발간된다는 것은 태권도 저변 확대와 발전에 상당히 고무적이다.

이 책은 태권도장을 운영하시는 관장 및 사범, 대학에서 태권도를 전공하는 대학생들에게 도장 경영 목표를 세우고 체계적인 운영으로 노력을 해간다면 반드시 성공할 수 있다는 희망의 큰 에너지를 불어넣어줄 것으로 기대된다.

이 책이 무도로서 몸과 마음을 닦아 품성·지식·도덕심을 높은 경지로 끌어올리는 지침서가 되어 태권도가 올림픽 스포츠, 세계인의 생활스포츠로 더욱 폭넓게 소개되는 계기가 되길 기대한다. 다시 한 번 이 책의 발간을 위해 노력해주신 정 회장님께 감사드리며 앞으로 태권도 경영과 정신교육 정립을 위한 더 많은 연구가 이루어지길 바란다.

"한/미 사범 모두의 성공신화로
확대 생사 기대"

양진방

용인대 교수, 세계태권도연맹 기술위원장

정순기 관장께서 도장교육에 관한 책을 집필하신다는 소식에 반가움과 기대감을 가졌다. 정 선배의 도장경영의 신화는 국내에도 잘 알려져 있다. 30년 넘게 가까이에서 정 선배의 도장 교육 운영의 실제 모습을 지켜본 나는 이 책이 국내 도장 지도자들에게 계발의 동력이 될 것이란 확신이 들었다.

정 관장은 경영기법만으로 도장 운영에 성공한 지도자가 아니다. 내가 정 선배를 존경하는 이유는 태권도 교육 자체에 충실한 지도자이기 때문이다. 태권도의 다양한 분야를 균형 있게, 기술적으로 충실하게 지도하는 것으로 도장 성공을 담보해가는 철학과 실천의 지혜는 내게 부러움과 배움을 주었다. 기본에 충실하면서 경영적 측면에서 누구보다 앞서가는 정 관장의 실력과 노력은 그를 신화의 주인공으로 만들었다. 때문에 성공은 30년 넘게 지속될 수 있었고, 해마다 진보를 만들어 갈 수 있었다.

그의 성공은 그의 조련을 거쳐간 많은 한국 사범과 미국 현지 사범들의 성공신화로 확대 생산되었다. 나 역시 많은 제자를 맡겼고, 그는 예외없이 성공적인 지도자로 키워냈다.

정 관장이 국내 도장 지도자를 위해 자신의 경험과 노하우를 아낌없이 이 책에 담아준 것에 고마움을 전하고 싶다. 적지 않은 국내 도장 지도자들이 직접 그의 도장을 방문해 배움을 얻어갔지만, 대다수의 지도자는 그러한 기회를 갖지 못했다. 현재에 만족하지 않고 끊임없이 새로운 발전을 찾는 지도자들은 반드시 일독할 것을 권한다.

"40년 전 미2사단에서 예견된 성공"

손천택

전 인천대 체육교육과 교수
전 국기원 태권도연구소 소장
전 한국스포츠교육학회 회장

정순기 사범님의 출간을 크게 환영하며 진심으로 축하한다. 크게 환영하는 것은 현장 사범들이 가장 만나고 싶어 하는 사범을 지면으로 만날 수 있기 때문이며, 진심으로 축하하는 것은 나와의 특별한 인연 때문이다.

정 사범님이 사범들이 가장 만나고 싶은 사범으로 명성을 얻게 된 것은 월드클래스가 성공한 도장이기 때문만은 아니다. 사범들이 더 큰 관심을 갖는 것은 그의 성공철학, 즉 인생철학, 태권도철학, 태권도 교육 철학일 것이다. 적지 않은 사범이 사범으로서의 자기 철학이나 정체성을 확립하지 못하고 불가피한 현실논리에 따라 바른 태권도인의 삶, 바른 태권도 철학을 갈구하고 있다.

이 책은 같은 고민을 하며 자신만의 독특한 실천 철학을 정립해 성공적인 태권도인의 삶을 살고 있는 정 사범의 성공스토리를 전하고 있다.

　나는 정 사범님의 성공을 이미 40년 전 내가 미군 제2사단에서 태권도 대표선수로 활동하던 시절 예견했다. 선수생활을 하면서 만난 정 사범님은 유능한 코치이기도 했지만, 진지하고 바른 사범이었다. 일방적으로 자기 방식을 강요하는 코치가 아니라 선수들과 끊임없이 소통하며 기량 향상을 위해 함께 탐구하는 코치였다. 상황에 흔들리지 않고 태권도의 정석을 가르치며 바른 태권도인을 기르기 위해 노력해온 분이다. 오랜 세월이 지나 월드클래스를 방문해 정 사범님을 만났을 때도 40년 전 그 모습 그대로 태권도 교육을 하고 있었다. 한 예로 한국의 태권도장 안전 문제 등을 이유로 기피하는 겨루기를 초보자에게 가르치며 겨루기를 통해 길러야 할 운동 능력과 성취할 인성 등을 소신껏 함양시키고 있었다.

　이 책을 읽으면서 성공한 태권도 관장 정순기, 품격 있는 인간 정순기, 자랑스런 태권도인 정순기, 닮고 싶은 사범 정순기를 기쁘게 만날 수 있을 것으로 확신한다. 더하여 그의 뚜렷한 실천 태권도 철학으로 개발, 운영하고 있는 태권도 교육체계와 프로그램을 이해하고 그의 고유한 지도기법 또한 배울 수 있게 될 것이다. 많은 태권도인과 사범들이 이 책을 읽고 바른 태권도 철학에 기반해 바른 태권인의 삶을 살고 올바른 태권도 교육을 할 수 있게 되기를 소망한다.

"가뭄에 허덕이는 농부 마음에 단비 같은 책"

정국현
태권도진흥재단 사무총장

태권도진흥재단이 있는 무주는 가는 겨울이 시샘이라도 하듯, 봄은 왔지만 봄 같지 않은 봄의 기운이 감돌고 있어 겨우내 꽁꽁 얼어붙은 대지를 뚫고 돋아나는 새싹들이 밤사이 너무나 고통스럽지 않을까 걱정이 되었다. 그런데 평소 존경하는 정순기 사범님으로부터 태권도 인생을 통해 얻은 경험과 지식들을 후배 태권도인들을 위해 한 권의 책으로 엮어 내시겠다는 소식을 접했다.

현대사회가 요구하는 내용을 태권도가 충족시키지 못하거나 태권도가 추구해야 할 가치 중심으로 도장을 운영하고 교육하지 못한다면 치열한 타 무술과의 무한경쟁에서 뒤질 수밖에 없는 매우 어려운 환경에 처하고 말 것이다.

이러한 시점에 정 사범님께서 집필한 책은 가뭄에 허덕이는 농부의 마음에 단비를 뿌려주듯 변화에 목말라 있는 많은 젊은 사범과 미래세대에게 절대적으로 필요한 태권도 도장의 운영, 관리, 지도, 교육의 길잡이 역할을 할 매우 소중한 선물이다.

오랜 기간 태권도장 경영과 지도를 통한 축적된 노하우와 선진화된 실질적인 내용으로 야무지게 구성된 이 책이야말로 진정 태권도를 사랑할 줄 아는 정 사범님의 눈물과 땀방울이 범벅된 숭고하고 위대한 작품이다.

젊은 시절 육군 겨루기 대표선수로 시작해 다양한 경험을 쌓고, 심혈을 기울여 태권도 교육과 도장 운영, 프로그램 개발 및 지도, 사범의 역할과 교육의 중요성, 그리고 실제 활용 가능한 지도 프로그램 개발 등을 체계적으로 기술한 이 책은 태권도가 한 단계 발전하는 데 큰 기여를 할 것으로 생각한다.

벽 · 길 · 답

베스트코치에게 베스트코칭을 배우다

– 이정규 사범 –

벽에 부딪히다

미국에 건너와 혼자 북 치고 장구 치던 원 맨 오퍼레이션 도장 20년 만에 삶이 딱 멈추어 버렸다. 처음 낡아빠진 건물을 고쳐 도장 문을 열 때 근거 없는 자신감과 열정만으로도 심장이 뛰어 억척같이 일하면서도 피곤한 줄 몰랐다. 나름 열정과 자부심으로 헤쳐 왔다고 생각했는데, 이제와 돌아보니 난파선의 위기를 겪고 있었다.

오랜 시간 시골마을에 갇혀 안일하게 사는 동안 태권도 세상은 눈이 뒤집히게 변했고 현란한 신기술은 물론, 세일즈와 마케팅 등 도장을 제대로 하기 위해 배우고 따라가야 할 것이 많은데 어느새 뒤처지고 말았다. 아무리 고단하게 일해도 쳇바퀴처럼 반복되는 경제적 슬럼프에서 빠져 나올 수 없었고 도장에 뭔가 문제가 있긴 한데 그것이 도대체 뭔지, 어디부터 손을 대야 할지도 몰라 점점 더 갑갑해지기만 했다.

그러다 보니 생각이 굳고 기운마저 말라버려 수련생들과 그 가족들을 볼 때마다 '못난 사범을 만나 좋은 배움의 기회를 놓치고 있구나. 내가 도리어 저들의 앞길을 막고 있구나.' 하는 절망감만 들었다. 속 빈 강정 같은 내 모습이 드러나고 모든 것에 쳐 받혀 박살나기 전에 도망치고만 싶었다.

길을 떠나다

이래저래 질려 죽을 것 같아 아예 태권도를 그만둘 작심으로 무작정 도장 문을 닫고 살던 동네를 떠났다. 하지만 세상을 헤맬수록 중력에 이끌려 지구로 추락하던 뉴턴의 사과처럼 결국 내가 돌아갈 곳은 태권도 밖에 없구나 하는 결론에 도달했다.

'그래, 그렇다면 돌아가자, 다만 이대로는 안 되겠고 문제의 답을 찾아 다시 시작하자. 내가 꿈꾸는 도장을 만들어보자. 사람들에게 영감을 주는 도장, 배움이 있는 도장, 성장이 있는 도장, 깊어지는 수련만큼 인격도 함께 자라는 도장, 이런저런 상황에 휘둘리지 않으면서 꾸준한 성장을 이뤄내는 도장을 만들어 보자! 여기저기 도장을 잘하신다는 분들을 찾아다니다보면 틀림없이 좋은 길이 보이겠지.'

한동안 그런 기대를 안고 미대륙을 헤매고 다녔다. 하지만 그 과정에서 수익에만 혈안이 된 채 철학도 교육도 없고 태권도조차 그 안에 없는 도장들도 많이 보았고, 태권도로 큰 부와 명예를 쌓으셨다는 분들조차 그 화려한 아성 뒤엔 '고작 우리 모습이 이 정도 밖에 되지 않는가?' 하는 그늘을 감추고 계셔 당혹하기 일쑤였다. 나처럼 탈출구를 찾지 못해 좁은 도장에 갇혀 시름만 깊어가는 사범도 많이 만나보았다.

그렇게 일 년을 동분서주하다 보니 시골집 팔아 마련한 종잣돈도 빠르게 말라 더이상 버티기 어려운 형편으로 치달았다. 하는 수 없이 골방에 틀어 앉아 선택 가능한 카드를 골라보았다. 이것은 이래서 안 맞고, 저것은 저래서 싫고, 이런저런 카드를 버리다 보니 남은 마지막 카드 한 장!

'그래! 내가 숨 쉬고 살려면 거길 가봐야겠구나!'

답을 찾다

그렇게 차를 달려 닿은 곳이 바로 캐나다와 미국을 가로지르는 나이아가라 폭포가 있는 곳, 미국의 땅 끝, 버팔로 시티였다. 거기엔 남들이 부러워하는 성공신화의 기염을 토해내는 곳, 세계적인 명문 태권도장 월드클래스가 있었다. 그 곳의 수장은 ATU(Ameriacan Taekwondo United) 초대회장을 역임하고 한국에서도 명강연으로 소문난 정순기 관장이다.

그는 1950년 호랑이띠로 평안도에서 태어났지만 자란 곳은 춘천이다. 고등학교, 대학, 육군대표선수단에서 선수생활을 했고 주한 미군부대에서 태권도를 지도한 것이 인연이 되어 1979년 미국으로 건너왔다. 태권도에 대한 남다른 애착과 열정을 가지고 태권도를 가르치는 것을 천직으로 알면서 도장을 해오다 40대 늦은 나이에 도장의 사업적 경영요소들이 좋은 도장을 만드는 데 얼마나 크게 작용하는지에 눈을 떴다. 그렇게 시작한 노력이 '월드클래스'라는 성공도장의 모형을 만들어냈고 그것을 바탕으로 많은 태권도인에게 도움을 주는 도장경영컨설턴트이자 태권도의 선배이자 스승으로 자리 잡았다.

내가 만난 정 관장은 듣는 이에게 영감으로 가슴이 뛰고 에너지가 분출되게 만드는 분이다. 많은 도장이 수익의 극대화를 최우선 과제로 삼는 동안 정순기 관장의 월드클래스는 몸과 정신, 그리고 감성까지 자극하는 좋은 태권도 수련프로그램과 최상의 인성교육 프로그램 개발로 모두가 함께 성장하는 도장을 궁극의 가치로 삼아왔다. 그런 모습이 정말 보기 좋았다.

더불어 그가 손아래 사범을 대할 때 보면 사범으로서 왜 이 일을 해야 하는지, 도장의 존재이유가 무엇인지 등을 끊임없이 상기시켜 영감을 불어넣고 대의명분을 따라가도록 활력을 준다. 그는 젊은 후배들에게 자신이 쌓은 경험과 노하우를 나누고 이들이 꿈과 열정과 감동이 넘치는 도장을 만들어 더 큰 세상을 열어가길 바란다.

그런 그를 직접 만나 배울 수 없는 사범들을 위해 정순기 관장의 경영 노하우를 정리해 나누어 보자는 취지로 이 책을 기획하게 되었다. 짧지 않은 기간 먼 거리를 오가며 많은 대화를 나누고, 그래도 못다한 이야기들은 때론 서신으로, 때론 늦은 밤 전화통화로 이어 갔다. 그렇게 의기투합해 급변하는 세상에 휘둘리지 않을 도장경영의 원칙과 방법을 찾아보고자 했다. 이 책에는 태권도 교육을 획기적으로 업그레이드 할 인성교육 방법, 성공도장이 갖추어야 할 시스템 등 월드클래스의 성공 비결과 핵심 경영기법이 들어 있다. 잘 읽고 적용하면 성공하는 도장을 만드는 일에 누구나 빠르고 쉽게 접근할 수 있을 것이다.

이제까지 태권도로 살아왔고 앞으로도 태권도로 살아갈 사람 중 출구를 찾지 못해 답답한 이들에게 막힌 물꼬를 터 작은 변화라도 만들어 줄 수 있다면 그게 바로 정 관장과 지새운 많은 밤에 대한 고마운 보상이 아닐까 한다. 태권도를 가르치는 일이 인생을 걸 만한 천직이고, 우리가 매일 서 있어야 할 곳이 도장이며 이 특별한 수련공간에서 도복을 입고 선다는 것이 얼마나 큰 특권인지, 이런 과정이 더 나은 나를 만들어가는 행위라는 깨달음을 갖도록 이끌어주신 정 관장께 이 자리를 빌려 다시 한 번 머리 숙여 감사드린다. 이 책을 읽는 동안 내가 그랬던 것처럼 이마를 치고 무릎을 쳐가며 '그래 맞아! 바로 이거였어!' 하는 탄성이 곳곳에서 터져나오기를 기대한다.

〈제1강〉

태권도의 아메리칸 드림

이정규 사범: 미국에는 전 세계 무술이 모여 경쟁합니다. 그중 역사가 길지 않은 태권도가 유독 강세를 보이고 환영받는 이유는 무엇입니까?

정순기 관장: 태권도의 동작들, 특히 다른 무술들에 비해 다이나믹하고 화려한 발차기들이 크게 어필했습니다. 우수한 한국사범들이 활발하게 미국에 진출한 것도 크게 영향을 끼쳤습니다.

이 사범: 미국에 종주국인 한국보다 태권도장들의 성공사례와 규모가 훨씬 크고 많은 이유는 무엇입니까?

정 관장: 가장 큰 이유는 미국이 한국보다 수련생의 연령분포가 비교할 수 없이 넓기 때문입니다. 한국에서는 초등학생이 주류이지만 미국에서는 어린이들 외에 청소년과 성인들도 많이 태권도를 수련합니다.

이 사범: 미국에서 태권도 유단자는 어떤 의미입니까?

정 관장: 어려운 과정을 통해 습득한 강인함, 당당함, 겸손, 예의 등이 블랙벨트의 상징입니다. 긍정적 수련 효과가 블랙벨트를 맨 많은 사람을 통해 밖으로 드러나기에 블랙벨트를 가치 있게 받아들입니다.

이 사범: 미국에서 태권도 사범으로 산다는 것은 어떤 의미가 있습니까?

정 관장: 교육자로서 또는 전문직업인으로서 인정받고, 건강한 이웃으로 미국사회에서 살아가고 있습니다.

이 사범: 미국에는 많은 여가활동이 있는데도 굳이 태권도를 선택하는 이유는 무엇일까요?

정 관장: 태권도 도장에서 자신감, 용기, 질서의식, 극기심, 예의 등을 효과적으로 가르쳐내는 것이 미국 사람들에게 큰 매력입니다. 형제자매와 부모까지 온 가족이 함께 즐기며 배울 수 있고, 인성을 길러낼 사회체육은 거의 태권도가 유일하다고 볼 수 있습니다.

이 사범: 미국에 아직 한인 사범들이 이주해 들어가 개척할 만한 곳이 남아있습니까?

정 관장: 미국에는 태권도 도장이 필요한 곳이 아직도 많습니다. 한국 태권도시장은 포화상태지만 미국은 아직 넓고 기회도 많습니다. 참신한 사범들에게 성공 가능성이 넘치는 곳이 미국입니다.

이 사범: 관장님께선 시작부터 성공적인 도장들을 척척 만들어 내신 것입니까?

정 관장: 나 역시 찢어진 카펫에 테이프를 붙여가며 도장을 시작했습니다. 여러 세미나에 참가도 해보고 자기 계발서도 읽고 세일즈, 마케팅 명사들의 강연테이프도 구입해 듣고 배웠습니다. 어떤 것은 맞고 어떤 것은 맞지 않았습니다. 헛발질도 많이 하다 보니 뭔가 깨달아지기 시작했고 차츰 좋은 도장을 만들어내기 위한 틀과 단계가 보이기 시작했습니다.

이 사범: 월드클래스에서 독립한 사범들이 도장을 연 도시들은 만만치 않은 곳이었습니다. 치열한 경쟁을 이겨낸 경쟁력은 어디서 나온 것입니까?

정 관장: 교육입니다! 열정적인 교육에서 차별화가 이루어져야 합니다. 몇 년 전 우리 도장에서 어릴 적부터 운동해서 스태프로 자란 20대 젊은이들이 도장에서 만나 결혼하고 산호세로 가 도장을 차렸습니다. 경쟁이 치열해 만만한 곳이 아닌데도 3년 만에 500명이 넘는 관원을 확보했습니다.

이 사범: 한국에서 30대 중반 이후 가족을 이룬 사범들이 늦게나마 미국에 진출하는 것이 가능할까요?

정 관장: 나이가 들고 가족이 딸린 것이 조금은 더 어려운 여건임에는 틀림없습니다. 그러나 사범으로서의 자질, 즉 좋은 선생으로서 자질이 잘 갖추어졌다면 크게 문제 될 것은 없습니다. 어차피 모두가 시작은 다 어렵게 하니까요. 월드클래스 도장에도 30대 후반에 아이 둘을 데리고 네 식구가 함께 와 4~5년 후 독립해 성공적으로 도장을 운영하는 사범도 있습니다.

이 사범: 미국 태권도의 개척 과정에선 어떤 일들이 있었습니까?

정 관장: 1세대 사범님들의 강인한 개척자적 도전정신과 한국인 특유의 물불 가리지 않는 열정이 더해져 대단한 에너지를 만들어냈습니다. 초창기 사범님들이 개척정신을 가지고 혼신으로 태권도의 자존심을 키웠기에 태권도가 다른 무도들을 능가하며 미국 사회에 단단한 뿌리를 내리게 되었습니다.

화려한 발차기, 미대륙을 강타하다

미국에는 전 세계 무술이 모여 경쟁한다. 그중 역사가 길지 않은 태권도가 유독 강세를 보이고 있다. 태권도장처럼 대규모 수련생을 가진 무술은 좀처럼 찾아보기 힘들다. 태권도가 이처럼 환영받는 이유는 무엇일까

1960년대 말에서 1970년대 초에 미국은 동양무술 붐이 대단했다. 이소룡 영화가 빅히트하면서 크게 한몫했고, 때마침 베트남전에 참전했던 미군을 통해 태권도의 명성이 알려지기 시작했다.

그 결과 쿵푸, 가라테로 크게 구분되던 미국 무술시장에 태권도가 강렬한 에너지를 품고 참여하게 된다. 태권도 동작 중에서도 다른 무술에 비해 월등하게 다이내믹하고 화려한 발차기가 크게 어필했다.

한국 사범들의 대활약

　최근 들어 주춤한 면이 없지 않지만, 1970년대부터 2000년대까지 우수한 한국 사범들이 활발하게 미국에 진출한 것도 미국 태권도 발전에 큰 영향을 끼쳤다. 1세대 사범들의 강인한 개척정신과 한국인 특유의 물불 가리지 않는 열정이 더해져 대단한 에너지를 만들어냈다. 무모하다 할 수도 있는 과단성이 오히려 긍정적인 태권도정신으로 받아들여진 것이다. 태권도는 그렇게 다른 무도를 뛰어넘었다.

　초창기 사범들이 혼신으로 태권도의 자존심을 키워낸 덕분에 태권도가 다른 무도를 능가하며 미국 사회에 단단한 뿌리를 내리게 되었다. 현재 젊은 사범들에게도 그러한 긍지가 계승되고 있다. 태권도는 앞으로도 미국에서 지속적으로 성장할 것이다.

　미국에선 많은 훌륭하신 사범님들이 지역사회의 명사로 알려지며 존경의 대상이 되어 뉴스에도 종종 등장하곤 한다.

　지역의 복지사업에 참여해 소외된 이웃을 돌보는 봉사활동으로 시간과 재능을 기부하고 경찰이나 학교 등 공공기관에서 태권도를 가르치며 지역사회에 기여하기도 한다. 특히 개척자 선배들 중에는 대단한 분들이 많이 있다. 이미 고인이 되신 이준구, 이행웅, 조시학 관장 같은 분들과 미국태권도협회를 태동시키고 이끌어주신 민경호 박사, 안경원 회장 같은 분들이 바로 그런 분들이다.

이준구 관장의 경우 마국의회에서 상하의원들에게 태권도에 대한 자신의 신념과 철학을 전수하며 태권도의 우수성을 미국 최고의 엘리트들에게 소개함으로써 미국 내 태권도의 위상을 높이는 데 기여하셨다.

이행웅 관장은 ATA(American Taekwondo Association)라는 거대 조직을 만들어 미 전역에 진출시키고 태권도의 저변확대에 크게 기여하셨다.

조시학 관장은 미국 스포츠의 메카로 불리는 뉴욕 메디슨스퀘어가든에서 오랫동안 매년태권도 시합을 개최하시며 태권에 대한 대중의 흥미를 높이는 데 한몫을 하셨다.

민경호 박사, 안경원 회장은 여러 훌륭하신 사범님과 함께 태권도를 미국체육회의 정식종목으로 진입시키고, 나아가 미국올림픽위원회 산하 경기단체가 되도록 이끌어주었으며 당시 세계태권도연맹 총재이셨던 김운용 총재님의 올림픽 움직임과 보조를 맞추어 미국태권도가 크게 도약하는 계기를 만들어내셨다.

미국사회의 선택

미국에선 종주국인 한국보다 태권도장의 성공사례와 규모가 훨씬 많고 크다. 미국이 한국보다 수련생의 연령 분포가 비교할 수 없이 넓기 때문이다. 한국에서는 초등학생, 그것도 저학년 어린이들이 주류를 이루고 있는 반면, 미국에서는 어린이 외에도 청소년과 성인도 태권도 수련을 많이 한다. 부모와 자녀가 함께 수련하는 경우도 아주 많다.

미국에는 예술, 스포츠 등 선택하자면 셀 수 없이 많은 여가활동이 있는데도 굳이 태권도를 선택하는 이유는 무엇일까? 미국은 역사가 짧지만 거슬러 올라가면 청교도적 예의범절과 사회질서를 중시하던 사회다. 태권도장에서 자신감, 용기 등과 함께 질서의식, 극기심, 예의 등을 효과적으로 가르치는 것이 미국 사람들에게 큰 매력으로 작용하고 있다. 다양한 스포츠와 예술 분야 등 많은 여가활동이 미국 사회에서 선용되고 있지만 형제자매와 부모까지 온 가족이 함께 즐기면서 배울 수 있고, 더불어 바람직한 인성을 길러낼 사회체육을 손꼽자면 태권도가 거의 유일하다.

미국인 수련생들에게 물어보면 몸과 마음을 단련하고 자기를 다스리는 수양에 태권도보다 뛰어난 게 없다고 한다. 태권도가 어떻게 이렇게까지 사회적으로 긍정적 인식을 갖게 된 것일까.

수련가치에 대한 태권도 지도자들의 확고한 신념을 바탕으로 수련 과정에서 체득하는 긍정적 경험이 강렬하기에 교육의 효과가 극대화되고 있다. 수련을 통해 스스로 발전을 경험하며 자신감을 얻고, 배경이 다른 사람이라도 같은 도복을 입고 함께 땀 흘리며 서로를 받아들이고 배려하는 것이 자연스러워진다. 살아가는 데 소중한 경험이다. 이런 수련의 결과가 좋게 드러나니 태권도에 대한 사회적 인식이 좋을 수밖에 없다.

바른 인격과 예의범절, 타인에 대한 존중 등 태권도의 교육적 효과는 미국 사회에서 학부모들에게 자녀들을 안심하고 태권도장에 보내는 가장 중요한 이유가 되고 있다. 이런 교육적 효과를 왜 한국에서는 쉽게 체험하지 못할까?

근본적으로 한국이나 미국이나 태권도 도장에서 추구하는 수련가치나 교육성과는 크게 다르지 않다. 다만, 사회적 환경에는 분명히 차이가 있다. 미국에서는 부모들이 운전을 해서 자녀들을 도장에 데려오고 데려가야 하기 때문에 자녀의 수련이 끝날 때까지 앉아 수업을 참관하는 일이 보편화되어 있다. 도장에서 무엇을 어떻게 가르치는가에 대한 이해를 더 많이 할 것이다. 이런 미국 부모들의 수련에 대한 적극적 참여와 지원이 좋은 교육효과를 만들어내는 데 일조한다.

미국에서 태권도 사범의 위상

미국에서 태권도 유단자가 된다는 것은 어떤 의미가 있을까? 색다른 수련 환경에서 사범의 명령에 충실히 따르며 열심을 다해 여러 해 수련하는 일은 결코 쉽지 않다. 하지만 이런 과정을 통해 습득한 호신술로 얻을 강인함, 당당함, 겸손을 갖춘 예의, 이러한 것들이 검은띠의 상징이다. 이런 긍정적 수련 효과가 검은띠를 맨 많은 사람을 통해 밖으로 드러나기에 '검은띠' 하면 사회적으로 가치 있게 받아들이고 있다.

미국에서 태권도 사범으로 산다는 것은 어떤 의미일까. 우리가 태권도를 가르치는 대상은 미국의 주류 계층이다. 그들이 태권도를 배우고 수련가치를 높이 인정하고 환영하고 있기 때문에 태권도 사범으로 사는 일이 자랑스럽기도 한다. 전문직업인이자 교육자로 인정받고, 건강한 이웃으로 미국사회에서 살아가고 있다.

태권도가 태동한 곳은 한국이지만, 태권도가 무도이자 비즈니스로 꽃을 피운 곳은 미국이다. 동양적이고 신비하면서도 다이나믹한 태권도가 미국인들의 모험적이고 진취적인 기질과 잘 어울렸다. 또한 미국인들이 무엇을 원하는지 그들에게 무엇이 필요한 지를 정확

하게 이해하고 태권도가 그 필요를 성공적으로 제공하고자 한 태권
도 사범님들의 부단한 노고가 있었기 때문이다.

미국은 태권도가 전 세계에서 가장 모범적으로 활성화 된 나라 중 하나다.

미국은 여전히 기회의 땅

미국에는 아직 한인 사범들이 이주해 들어가 개척할 만하고 태권도 도장이 필요한 곳이 아직도 많다. 영어가 서툴다 할지라도 사범으로서 좋은 자질을 보인다면 의사소통에 어느 정도 어려움이 있어도 미국 사람들은 적극적으로 이해해주려고 한다. 그러나 미국사회를 이해하는 일은 언어만큼이나 중요하다. 그렇기 때문에 미국에 오자마자 준비도 되지 않은 채 무작정 도장을 열려고 하는 것은 아주 무모한 짓이다. 베이스캠프를 정해 충분하게 미국 사회를 배우고, 미국 태권도 문화를 배워가며 준비해서 경험을 쌓고 시작하는 편이 오히려 빨리 자리 잡는 방법이라 하겠다.

현실적으로 미국에선 비용이 얼마나 있어야 도장을 열 수 있을까. 지역에 따라 다르겠지만, 준비가 되어 있어 자신감을 가진 사범이라면 좋은 지역, 비싼 지역에 좋은 시설을 투자할 수 있을 것이고 그렇지 못하다면 임대료가 적게 드는 지역, 다시 말해 별로 좋지 않은 지역에서 시작하기도 한다. 아무래도 초기 지출비용이 적게 드는 만큼 위험부담이 적다고 생각할 테니까 말이다. 어쨌거나 적게는 5~8만 달러에서 많게는 10~15만 달러까지 필요하다.

한국에서 갓 대학을 졸업한 젊은 사범이 아니라 30대 중반 이후 이미 가족을 이룬 사범들이 늦게나마 미국에 진출하는 것이 가능할까?

나이가 들고 가족이 딸린 것이 아무래도 조금은 더 어려운 여건임에는 틀림없다. 그러나 사범으로서의 자질, 즉 좋은 선생이 되고자 하는 열정이 있다면 크게 문제 될 것은 없다고 생각한다. 어차피 모두가 시작은 다 어렵게 하니까 말이다. 우리 버팔로 월드클래스 도장에도 30대 후반에 아이 둘을 데리고 네 식구가 함께 와서 4~5년 후 독립해 성공적으로 도장을 운영하는 사범도 있다.

미국에 사범으로 진출하려면 어떤 자격을 가져야 하며 어떤 과정을 거쳐 어떻게 스폰서를 찾을 수 있을까? 우선 일할 수 있는 비자를 받아야 한다. 예를 들면 올림픽 메달리스트 같이 아주 특출한 경력을 가진 사람이 받을 수 있는 O비자가 있다. 그리고 H-1비자는 대학에서 태권도를 전공해 도장의 교육 프로그램을 관리할 수 있는 사람이 해당된다.

비자문제를 해결하고 나면 도장 일을 하면서 영주권을 신청하게 된다. 도장이 스폰서가 되어 영주권을 신청하는 방법이 일반적이지만 직접 사범 자신이 스폰서가 되어 영주권을 신청해서 받는 경우도 있다. 물론 이런 경우 특별한 경력을 증명해야 할 것이다.

약간의 변칙적인 방법들도 있는 것으로 안다. 변수가 있기 때문에 전문가와 상담해 자기에게 맞는 길을 찾아야 한다. 비자나 영주권 스폰을 해주는 고용주와 고용인간 신뢰가 아주 중요하다.

나는 기회가 있을 때마다 대한민국의 젊은 사범들에게 꿈을 가지고 미국으로 진출하길 적극적으로 권유를 해왔다. 한국 태권도시장은 이미 포화상태지만 미국은 아직 넓고 기회도 많다. 예전 선배들처럼 맨바닥에서 맨주먹으로 시작해야 하는 상황도 아니다. 열린 마음으로 꿈을 가지고 미래를 향해 나아가려는 참신한 사범들에게는 성공의 가능성이 얼마든지 넘치게 남아있는 곳이 바로 미국이다.

월드클래스 도장

월드클래스 도장들은 미국 전역에 퍼져 있고, 버팔로에만 5곳의 월드클래스 도장이 있다. 현재 도장전용 건물을 지어 사용하는 도장이 2곳, 인근 쇼핑센터에 자리를 빌려 하는 도장이 3곳, 그렇게 도합 5개다.

1만 평방피트 면적의 도장 전용 빌딩에 100대의 차량이 동시에 주차할 수 있는 2개 도장과 나머지 3개 도장도 규모와 시설이 제법 크다. 5개 도장에서 2,000명이 넘는 수련생이 매일 구슬땀을 흘리며 수련하고 있다.

수련생만큼 스태프도 많다. 도장마다 수석사범과 매니저가 따로 있고 파트타임 사범보조가 8~10명씩 있다. 전체적으로 보면 정식으로 급여를 지급하는 스태프가 60명쯤 된다.

스태프가 많으면 그들을 관리하고 교육하는 일 또한 만만치 않다. 교육되지 않은 스태프는 도장에 도움이 되기 어렵다. 그래서 스태프 교육에 각별히 신경을 쓰고 있다. 또한 풀타임과 파트타임 모두 대우에서 다른 직장과 경쟁력을 가져야 한다. 급여는 물론 건강보험과 연금, 유급 휴가 등 좋은 근무환경을 제공하는 데 애쓰고 있다.

헛발질도 반복하면 헛되지 않다

우리가 처음부터 성공적인 도장을 척척 만들어낸 것은 아니다. 찢어진 카펫에 테이프를 붙여가며 시작했다. 막연히 잘 가르치는 사범이 되고 싶다는 생각만 했던 내가 40대로 접어들면서 '나도 한번 남들처럼 좋은 도장을 만들어뵈야겠다!' 하는 생각을 갖게 되었나. 한참 늦은 후발주자였다.

그런 결단이 서자 누구에게든 배워야겠다는 열망이 불같이 일었다. 1980년대 말, 그때는 어디 가서 누군가에게 무엇을 배운다는 것이 쉽지 않던 시절이다. 이제 막 태권도장이 비즈니스로 체계를 갖추기 시작하면서 세미나가 열리고, 도장 경영에 마케팅, 세일즈 기법이 도입되어 활력을 갖기 시작하는 시기였다. 나 역시 세미나에 참석하고 자기계발서도 읽고 세일즈, 마케팅에 대한 명사들의 강연 테이프도 들으면서 열심으로 배웠다.

이런 배움을 모아 하나씩 도장 운영에 적용해보니 어떤 것은 우리한테 맞고 어떤 것은 맞지 않았다. 헛발질도 많이 하다 보니 뭔가 깨닫기 시작했고, 좋은 도장을 만들기 위한 틀과 단계가 보이기 시작했다. 그런 깨달음들을 정리해 모으며 성공도장으로 가는 방법,

성공 포뮬러가 생기게 되었다. 그렇게 새로운 도장을 차려왔고, 우리 도장에서 독립한 사범들도 같은 방식을 적용해 모두 빠르고 확실하게 자리를 잡아갔다.

위대한 수업 월드클래스 따라잡기 [MINDSET]

〈제2강〉

성공도장의
포뮬러

(좋은 도장의 절대공식)

이 사범: 도장 운영 방식에서 사람마다 차이가 있는데, 어떤 선생이 제게 맞는 선생일까요?

이 관장: 앞서가는 도장의 핵심은 창조와 혁신이지만 뒤따라가는 도장의 핵심은 모방과 벤치마킹입니다. 나와 코드가 맞는 모델을 찾아 디테일하게 벤치마킹해야 합니다. 그 특징을 분석하고 장점을 따라 배우려는 전략이 필요합니다. 나와 무엇이 다른가? 그 다른 점을 찾아내야 합니다. 이때 흉내만 내선 안 됩니다. 흉내와 벤치마킹은 다릅니다. 남이 만들어놓은 도장을 대충 보고 허둥지둥 따라가는 것이 흉내라면, 성공한 도장의 장점을 디테일하게 찾아 배우고 적용해 가장 자기다운 도장을 만들어내는 것이 벤치마킹입니다.

이 사범: 월드클래스엔 그런 목표를 구체적으로 이루어내기 위해 함께 공유하는 사명이 있습니까?

정 관장: 수신제가치국평천하에 기반을 두고 있습니다. 자신을 수양함으로서 나와 내 주위의 삶을 유익하게 하고자 하는 목적을 공유합니다. 첫째, '최상의 무도교육 제공하기', 둘째, '유익한 인성교육으로 수련생의 일상의 삶을 강화해 주기', 셋째, '안전하고 평화로운 지역사회 건설에 이바지하기'입니다.

이 사범: 수업시간에 긴장의 끈을 놓지 않는다는 말은 구체적으로 어떤 모습입니까?

정 관장: 동작을 시범보일 때 정확한 모습을 보여주고 있나, 동작에 대한 설명이 너무 장황하진 않나, 잘한 수련생에게 적시에 칭찬은 하고 있나, 출석률은 어떠한가, 심사 볼 준비는 되었나, 오늘 유난히 집중하지 못하는 수련생이 있다면 왜 그런가, 이런 수련생에게 어떻게 동기부여를 해줄 것인가 등 긴장감을 가지고 수련생 하나하나를 일일이 지켜보고 체크해 나가고 있습니다.

이 사범: 도장을 하다 보면 아무리 열심히 해도 더 이상 앞으로 나가지 못하는 순간을 만나게 됩니다.

정 관장: 열심히 해도 더 이상 앞으로 나가지 못하는 것은 도태의 과정에 접어든 신호라고 볼 수 있습니다. 성공이란 '내가 지금 잘못하고 있는 것을 아는 것'에서부터 시작입니다. 잘못된 방법을 계속 반복하면서 더 좋은 결과를 기대하는 것은 어리석은 짓입니다. 자신을 잘 들여다봐서 무엇이 어디부터 어떻게 잘못되고 있는가를 알아내는 것에서부터 성공은 시작됩니다.

이 사범: 관장님처럼 크게 앞서가신 분을 어느 세월에 따라가나, 어디서부터 시작해야 하나, 막막하기도 하고 잘 따라 갈 순 있을까 걱정도 됩니다.

정 관장: 어렵지 않습니다. 태권도 수련이나 도장이 성장해 가는 과정이나 똑같습니다. 처음에는 실력이 더디게 자라는 것처럼 느껴집니다. 많은 사람이 중도 포기하는 이유도 거기에 있습니다. 인내를 가지고 계속 노력하면 실력도 붙고 성장도 가속이 붙기 시작하는 때가 옵니다. 그러다 보면 머지않아 성공의 문턱에 바짝 다가선 자신을 발견하게 될 것입니다. 모든 일은 마음먹기에 달렸습니다.

이 사범: 관장님 말씀은 머리로는 이해되는데, 막상 행동으로 옮겨 부딪히려면 쉽지 않을 것 같습니다. 어떤 마음부터 다잡아야 할까요?

정 관장: 성공을 향해 포기하지 않고 나가겠다는 마음자세가 중요합니다. 태권도 수련도 마찬가지 아닙니까? 발차기를 하고 주먹 지르는 방법을 배우면서 수련을 통해 역경에 굴하지 않고 도전하는 당당한 마음자세를 익혀가면서 훌륭한 태권도인으로 성장하게 됩니다.

이 사범: 흔히들 도장의 성공여부를 수련생의 숫자와 연관지어 생각하곤 합니다. 수련생의 수가 성공여부를 가르는 척도가 됩니까?

정 관장: 수련생 수가 가능한 많아야 한다고 생각합니다. 그래야 사범으로서 존재 의미와 범위가 넓어지기 때문입니다. 좋은 제자를 많이 만들어내는 훌륭한 사범은 태권도 사범의 당연한 바람입니다. 더 많은 사람들에게 더 좋은 영향을 끼치며 살수 있다면 그것이 기쁨 아니겠습니까? 그래서 지금도 더 많은 수련생들을 지속적으로 이끌어 가고자 노력하고 있습니다.

이 사범: 미국 사범생활 20년 동안 성공의 문턱에 가보지도 못한 저도 성공도장을 만들어낼 수 있을까요?

정 관장: 버팔로는 겨울이 몹시 춥고 깁니다. 나이아가라 폭포마저 얼어버립니다. 그래서 사람들이 실내 운동인 태권도장으로 몰려 잘 되는 것이 아니냐고들 합니다. 그런데 추운 지역에서 도장을 운영하는 사범들 중에는 날씨가 추워 사람들이 밖으로 나오지 않아 도장 운영이 어렵다고 말하기도 합니다. 같은 상황도 어떻게 바라보느냐의 차이일 뿐입니다.

열정이 만들어낸 청출어람

미국엔 버팔로 월드클래스에서 독립해 성공한 사범들의 이야기가 성공사례로 숱하게 회자되고 있다. 버팔로 월드클래스 출신 사범들이 우리 같은 시스템을 가지고 운영하는 도장은 현재 미국에 40곳이 넘는다.

김우섭 사범은 월드클래스의 맏형으로서 넉넉한 리더십으로 후배들을 품어주고 큰 걸음으로 앞장서 가고 있다. 현재 6개 지관에 2,100명의 수련생을 가지고 있다. 애틀란타의 심재천 사범은 3개 도장에 1,100여 명의 수련생이 있고 네 번째 도장 오픈을 계획하고 있다. 심 사범은 땀에 젖은 도복을 하루에 2~3번씩 갈아 입어가며 클래스마다 혼신을 다한 열정을 뿜어낸다.

인디애나의 유은수 사범은 1,200여 명의 수련생에 2개의 도장을 운영 중인데, 1만 평방피트 규모의 250만 달러짜리 멋진 도장을 짓고 있다. 유 사범은 창의적이고 세밀한 성품으로 항상 더 잘 할 수 있는 방법을 찾아가는 자세를 가지고 있다.

그밖에도 미네소타의 문정훈, 김정환 사범, 그리고 애리조나의 신동관, 캔자스의 김현철 사범도 모두가 훌륭한 자세를 가지고 성공적으로 도장을 운영하고 있다. 나이 **40**이 넘어 텍사스에서 독립한 양재철 사범은 현재 580명의 수련생을 확보했고 클래스마다 가득 찬 수련생을 다 받아내지 못하다가 두 번째 도장을 이제 막 차렸다. 이들을 보면 청출어람이라는 말이 실감이 난다. 물론 미국인 제자들이 차린 도장도 여럿 있다. 모두 하나같이 버팔로 월드클래스를 빠르게 앞지르고 있다.

그들은 막상 독립하고 보니 월드클래스 시스템에 더욱 자신감과 믿음을 갖게 되었고, 그래서 더욱 빠르게 성장할 수 있었다고 한다. 아무래도 월드클래스에 성공의 공식(포뮬러)이 있긴 있는가 보다. 그 중에서도 사우스 캐롤라이나의 김준규 사범은 남다른 열정과 재능이 있어 특별히 기대하는 사범이다. 그동안 미국에서는 흔치 않은 엘리트들을 위한 전문선수양성 트레이닝센터를 추구하다 이제는 도장 운영에 집중하고 있기에 큰 도약을 기대하고 있다.

월드클래스에서 독립한 사범들이 도장을 연 도시들은 절대 만만치 않은 곳들이다. 그런 치열한 경쟁을 이겨낼 만한 독보적인 경쟁력은 어디서 나온 것일까? 바로 교육이다! 성심을 다한 열정적인 교육에서부터 먼저 차별화가 이루어져야 한다. 몇 년 전 우리 도장에서 어릴 적부터 운동해서 스태프로 일하며 자랐던 20대 미국 젊은이들이 도장에서 만나 결혼을 하고 캘리포니아의 산호세로 건너가 도장을 차렸다. 산호세란 곳이 워낙 경쟁이 치열해 도장을 하기에 만만한 곳이 아닌데도 3년 만에 500명이 넘는 관원을 확보했고, 지금도 파죽지세로 도장을 키워나가고 있다. 그들이 워낙 젊은데다 경험도 별로 없었기 때문에 사실 나도 놀랐다.

월드클래스 커리큘럼과 지도방식은 심플하다. 대신 디테일이 있다. 신선한 교육 내용과 사범들의 태도를 마음에 들어했던 것 같다.

태권도 교육의 가치가 수업과 심사, 시범, 이벤트 등을 통해 수련생들에게 확실히, 그리고 지속적으로 전해지면 '이 도장에는 정말 남다른 교육이 있구나, 꼭 다닐만한 곳이구나!' 하는 평판이 생겨나고 지역사회에 신뢰가 자리를 잡으면 그 가치는 지속적으로 보존되는 것이다. 그러다보면 도장 이름만 들어도 '좋은 도장이구나!' 하는 강한 신뢰를 주는 브랜드를 만들어낸다.

나와 같은 길을 걷는 이들에게 도움이 될 것을 나누는 것은 즐거운 일이다. 성공 DNA를 나눠 나의 성공이 또 다른 성공으로 복제된다면 이것이야말로 우리 태권도 전체가 동반성장하는 일이다.

월드클래스 도장 제1관

도장 운영도 수련처럼

태권도 수련과 도장이 성장해가는 과정은 똑같다. 처음에는 실력이 더디게 느는 것처럼 느껴진다. 많은 사람이 중도 포기하는 이유도 바로 거기에 있다. 하지만 인내를 가지고 노력하다 보면 실력도 붙고 성장도 눈에 띄게 가속이 붙기 시작하는 때가 온다. 그러다 보면 머지 않아 성공의 문턱에 바짝 다가선 자신을 발견하게 될 것이다. 모든 일은 마음먹기에 달렸다.

흔히들 도장의 성공 여부를 수련생의 숫자와 연관짓곤 한다. 수련생 수가 정말 성패를 가르는 척도일까? 물론, 수련생 수는 많을수록 좋다. 사범의 존재 의미와 범위가 넓어지기 때문이다. 좋은 제자를 많이 만들어내는 것은 태권도 사범의 당연한 바람이다. 더 많은 사람에게 더 좋은 영향을 끼치며 살 수 있으면 그것이 기쁨 아닐까 싶다. 그래서 지금도 더 많은 수련생을 지속적으로 이끌어 가고자 노력하고 있다.

성장하는 도장을 만드는 일은 어렵지도, 복잡하지도 않다. 특별한 능력을 가진 사람만 할 수 있는 일도 아니다. 올바른 방법만 알고 최선을 다하면 누구나 할 수 있다. 적극적인 변화를 추구하지 않는 자세가 문제다.

버팔로는 겨울이 몹시 춥고 길다. 연중 5개월이 겨울이고 여름마저 짧다. 겨울엔 영하 40도까지 떨어지는 날도 있고 나이아가라폭포마저 꽁꽁 얼어붙는다. 겨울이 길고 혹독해 사람들은 실내운동인 태권도장으로 몰려 잘 되는 것이 아니냐고들 한다. 그런데 추운 지역에서 도장을 운영하는 사범들 중에는 날씨가 너무 추워 사람들이 겨울만 되면 밖으로 나오지 않아 도장 운영이 어렵다고 말하기도 한다. 똑같은 환경도 어떻게 바라보느냐에 따라 달라진다.

성공한 도장을 보고 지역이 좋아서, 운이 좋아서 잘 되는 것으로 치부해 버리고 '난 운이 없어, 열심히 하는데 더 이상 어쩌란 말이야? 요즘은 경기가 나빠서 그래.' 하고 나면 더 이상 할 일이 없다. 도장이 잘 되지 않는 것은 내가 지금 뭔가 잘못하고 있기 때문임을 인정하고 그 이유를 찾아내야 한다. 적극적으로 바꾸지 않으면 극적인 반전은 기대할 수 없다.

모든 연령대의 가족이 함께 참여하는 패밀리 클래스

머리와 행동을 잇는 것은 가슴이다

머리로는 이해가 되는데 막상 행동으로 옮겨 부딪히려면 쉽지 않다. 먼저 성공을 향해 포기하지 않고 나가겠다는 마음자세가 중요하다. 태권도 수련과 같다. 발차기를 하고 주먹 지르는 방법을 배우면서 수련을 통해 역경에 굴하지 않고 도전하는 당당한 마음자세를 익혀가면서 훌륭한 태권도인으로 성장하게 된다.

나도 처음부터 좋은 결과를 예상했다기보다는 한 단계 나가면서 자신감이 생기고 두 번째 단계에서 탄력을 받고 그렇게 다음 단계로 나아가다 보니 오늘에 이른 것이다. 흰띠가 노란띠가 되고 한 단계씩 밟고 올라가 마침내 검은띠가 되는 것처럼 그저 차근차근 새로운 목표를 세우면서 발전해 왔던 것이다.

성공도장과 좋은 도장은 같은 말이다. 나는 성공도장이라는 말보다는 좋은 도장이라는 말을 선호한다. 성공한 도장, 좋은 도장을 방문해 보면 공통점을 느낄 수 있다. 긍정의 에너지, 존중의 에너지가 바로 그것이다. 분위기가 활발하고 그 가운데 서로 존중하는 모습을 볼 수 있다. 보기만 해도 기분이 좋다.

쾌적한 수련시설, 체계적인 수련시스템, 체계적인 수련생 관리,

뚜렷한 교육철학까지 갖추어져 수련생들로 하여금 자신에 대한 새로운 가능성을 넓혀가며 최선의 노력을 경주할 줄 아는 태권도인을 만들어내는 곳이다. 지역사회에서도 좋은 평판을 얻고 지속적인 성장을 이루어 가는 곳이 바로 좋은 도장이다. 도장은 이렇게 삶의 에너지를 재충전하고, 관계의 즐거움이 넘치며, 자기발전의 가능성을 현실로 만드는 곳이다.

　많은 사범이 성공도장의 척도로 경제적 수익을 가장 관심 있게 보기도 하는데 사실 당연하다. 도장이란 태권도의 교육적 가치를 제공하는 수익사업체다. 좋은 도장이라면 훌륭한 태권도 수련가치를 더 많은 사람에게 제공해야한다. 그럴 때 경제적 수익은 동반되는 것이다. 태권도 사범이 미국에서 경제적으로나 사회적으로 주류사회로부터 인정을 받는 것도 오랜 기간 동안 많은 사범이 이런 훌륭한 태권도의 수련가치를 많은 사람에게 제공하려는 노력을 해왔기 때문이다.

길 떠나기 전 좋은 선생부터 만나라

예전에 캘리포니아에서 도장을 운영하는 후배로부터 전화를 받았다.

"선배님, 고민입니다. 전에는 가르치는 일이며 도장 일 모두 즐거움이 넘쳤는데, 요즘 들어 부쩍 의욕이 떨어졌습니다. 사범이 천직이라는 생각으로 열심히 달려왔는데 요즘은 노력하는 만큼 달라지는 게 없이 힘만 들어 마지못해 하고 있습니다. 능력 문제인지, 희망은 있는 건지 복잡한 생각에 도무지 재미가 없습니다."

도장 성장이 정체된 데다가 운영난마저 겹쳐 대응할 방법을 찾지 못해 슬럼프에 빠진 것이다. 슬럼프가 길어지면 자포자기하게 되고 급기야 사범이라는 직업을 포기하기도 한다. 그랬던 그가 나를 찾아와 꼬박 3박4일을 함께 지내고 돌아가던 비행기 안에서 울었다고 한다.

주위를 둘러보면 익숙하지도 않은 길을 가면서 물어보는 것이 망설여져 헤매는 사람이 의외로 많다. 성공도장을 만들려면 노력도 해야 하지만 지름길도 분명 있다.

성공하는 가장 확실하고 빠른 길은 '좋은 선생'을 만나는 것이다.

내가 가고 싶은 곳에 이미 가 있는, 내가 알고 싶은 것을 이미 알고 있는 선생을 찾아내야 한다. 좋은 선생을 따라가면 시행착오를 거치지 않아도 돼 빠른 시간 안에 성공의 길로 접어들 수 있다. 아직도 혼자 노력하고 있다면 선생이 얼마나 중요한지 모르는 것이다.

선생을 찾았다면 지체없이 찾아가 배우고 배운 것은 실천으로 옮겨야 한다. 아무리 좋은 말을 듣고, 그 어떤 좋은 방법을 배워도 활용하지 않으면 무슨 소용이 있겠는가? 반복숙달로 패턴을 익혀야 한다. 틀림없이 길이 열릴 것이다.

앞서가는 선배 중에 내 성향과 쉽게 접목할 만한 도장을 운영하는 분이라면 공감대도 쉽게 형성되어 좋다. 배우는 사람에게는 과거에 나와 비슷한 상황을 겪어본 사람이 해주는 말을 쉽게 이해할 수 있다. 실제 내가 겪는 문제에 대한 실전 노하우가 있기 때문이다. 단계를 높이고 보면 또 다른 선생을 만나 업그레이드할 기회도 오게 마련이다.

좋은 선생을 찾는 것이 시작이다. 하지만 선생이란 내가 걸어야 할 길을 대신 걸어주는 사람이 아니라 조언해 주는 사람이다. 길을 걸어야 할 사람은 바로 나임을 잊어선 안 된다.

흉내 내지 말고 벤치마킹하라

앞서가는 도장의 핵심은 창조와 혁신이지만, 뒤따라가는 도장의 핵심은 모방과 벤치마킹이다. 먼저 나와 비슷한 여건, 비슷한 생각을 가지고 앞서가는 도장 가운데 따라가기 쉬운 성향의 도장을 찾아 하나씩 디테일하게 접근해 나가는 것이 좋다.

도장 운영 모델에는 여러 스타일이 있다. 나처럼 태권도로만 승부를 보겠다는 모델도 있고, 비포 스쿨(Before school)이나 애프터 스쿨(After school) 프로그램처럼 아이들을 장시간 돌봐주는 것을 주수익원으로 하는 모델도 있다. 낮은 수련비에 많은 인원을 한 배에 태워가는 항공모함식 모델도 있고, 작지만 선별된 비싼 수련생만 관리하는 명품점식 모델도 있다. 큰 공간에 수련생이 가득하지만 많은 인건비와 관리비가 들어 투자 대비 수익률이 낮은 도장이 있는가 하면, 소규모로 운영되지만 알차게 수익률이 높은 도장도 있다. 이런 도장 중 나와 코드가 맞는 모델을 찾아 디테일하게 벤치마킹해야 한다. 그 특징을 분석하고 장점을 따라 배우는 전략이 필요하다. 나와 무엇이 다른가? 그 다른 점을 찾아내야 한다.

흉내만 내선 안 된다. 흉내와 벤치마킹은 다르다. 남이 만들어놓은 도장을 대충 보고 허둥지둥 따라가는 것이 흉내라면, 성공한 도장의 장점을 디테일하게 찾아 배우고 자신에게 적용해 가장 자기다운 도장을 만들어내는 것이 벤치마킹이다.

많은 사람이 소문을 듣고 월드클래스를 방문한다. 며칠씩 도장에 앉아 뚫어지게 살펴보다 가는 사범들도 있다. 나중에 무엇을 배웠냐고 물으면 도대체 무엇이 다른지 감을 잡지 못하겠다며 고개를 갸웃하곤 한다.

'특별한 기술을 가르치는 것도 아닌 것 같고 재미있는 놀이 한 번 하지 않는데도 어린 아이부터 성인까지 어떻게 저렇게 진지하고 힘차게 수련에 임할까?'

먼저 우리 도장이 추구하는 수련가치를 이해해야 한다. 그리고 주의 깊게 들여다보면 잘 보이지 않던 미세한 디테일들이 조화를 이루고 있는 것이 보일 것이다. 먼저 큰 프레임을 보고 그 안에 담겨있는 작은 디테일을 하나씩 찾아 배워나가야 한다.

월드클래스의 도장 경영 마인드, 마케팅 방법, 세일즈 자세, 서비스의 질, 가르치는 철학을 내가 공감할 수 있을까부터 고민을 시작해야 한다.

도장을 잘하는 것과 못하는 것은 별 차이가 없다. 다만 그 별것 아닌 것 같은 작은 디테일을 놓치지 않고 소중하게 채워가는 노력이 쌓여 눈에 띄는 큰 차이를 만들어낸다.

그간 내게 찾아와 배우고자 원하는 사람들에게 내가 가진 모든 매뉴얼을 아낌없이 내주었다. 전화 응대부터 가르치는 것은 어떻게 하고, 어떤 상황에서 무엇을 어떻게 처리해야 하는지 등 공들여 디테일하게 정리해놓은 매뉴얼을 다 내어줬는데 정작 그 매뉴얼을 자세히 읽고 또 읽어 자기 것으로 만들어내는 사람은 많지 않았다.

대충 들춰보고는 '뭐, 나도 이 정도는 아는데.' 하고 치워두기 일쑤다. 그래놓고 정말 중요한 비결은 숨겨놓고 안 가르쳐준다고 불평하는 사람들도 있다. 긴장감을 가지고 자세히 들여다보면 그 매뉴얼 하나하나 사이에 있는 작은 디테일의 차이가 얼마나 중요한 결과를 만들어내는지 알게 될 텐데 말이다.

무엇에든 열심히 하고자 하는 수련생들의
진진한 눈빛들에서 사뭇 긴장감이 묻어나온다.

사명을 선언하라!

직업의식을 가지고 최상의 교육을 만들어내려는 감동서비스가 있을 때 경쟁력을 가질 수 있다. 도장에 발을 들여놓은 수련생의 감동이 입소문을 타고 다른 사람을 끌고 오도록 만드는 것이 성공의 지름길이다.

사범이 어떤 생각을 갖느냐가 도장의 비전이 되고 목표가 되어 이를 달성하기 위한 전략이 마련된다. 목표를 최대한 구체적으로 정해 자신이 추구하는 도장의 아주 디테일한 청사진을 그려야 한다. 그래야 지속적으로 목표를 향해 나갈 수 있고 필요한 바를 찾아 업그레이드할 수 있다.

월드클래스엔 그런 목표를 구체적으로 이루어내기 위해 공유하는 '미션스테이트먼트(Mission statements, 사명선언문, 강령)'가 있다. 월드클래스의 미션 스테이트먼트는 동양 사상인 수신제가치국평천하에 기반을 두고 있다. 자신을 수양함으로써 나와 내 주위의 삶을 유익하게 하고자 하는 목적을 공유한다.

첫째, Provide the highest quality martial arts instruction(최상의 무도교육 제공하기). 자신을 닦는 수신에 기반을 두고 있다. 수신을

위해선 당연히 좋은 태권도를 먼저 가르쳐야 하기에 진지한 태권도 수련에 중점을 둔다.

둘째, Empower our students with valuable skills for daily life(유익한 인성교육으로 수련생의 일상 강화하기). 수련을 통해 인생에 도움이 될 만한 인성덕목을 길러 수련생의 삶에 실질적인 유익을 주기 바라는 것이다. 그러기 위해선 역시 좋은 태권도 수련 환경이 필요하다. 다른 사람에 대한 존중에 기반하여 상호 배려 협조하며 더불어 최선을 다하는 습성을 기른다. 이것이 월드클래스 인성교육의 핵심이자 전부다.

셋째, Contribute to a safe and peaceful community(안전하고 평화로운 지역사회 건설에 이바지하기). 수련자와 도장이 태권도를 통해 더 살기 좋은 사회를 만드는 데 일조하겠다는 다짐이다. 태권도 수련은 상생의 도를 추구한다. 그리고 도장이 그러한 뜻을 가지고 지역사회에서 여러 행사를 진행하고 있다. 대표적인 것이 난치병 어린이 돕기 격파대회(Kicking for Miracle!)다. 23년 동안 우리 도장에서 꾸준히 모아 전달한 총액이 2018년에 120만 달러에 달한다. 이런 기부활동 덕에 어린이병원재단으로부터 특별감사패를 받기도 했고 어린이병원에 월드클래스를 기념하는 공간이 생기기도 했다.

오랜 시간에 걸쳐 지속된 월드클래스의 성공은 이 미션스테이트먼트의 신념을 추구한 결과가 드러난 것일 뿐이다.

성공의 시작: 잘못하고 있는 걸 아는 것

도장을 운영하다 보면 아무리 열심히 해도 꽉 막혀 더이상 나아가지 못하는 순간을 만나게 된다. 뭔가 큰 변화가 생겼으면 좋겠는데 그게 쉽지 않다. 열심히 해도 더이상 앞으로 나가지 못하는 것은 두 태에 접어든 신호라고 볼 수 있다.

성공이란 잘못하고 있는 것을 아는 것에서 시작한다. 잘못된 방법을 반복하면서 좋은 결과를 기대하는 것은 어리석다. 스스로를 잘 들여다보고 무엇이 어디부터 어떻게 잘못되고 있는지 알아내는 것에서 성공은 시작된다. 지금까지 해오던 시스템을 허물고 다시 짓기보다 지금 하고 있는 방식에서 문제점을 찾아 하나씩 고쳐가는 것이 좋은 방법이다.

잘 되는 도장이 잘 되는 이유가 있고, 안 되는 도장 역시 안 되는 이유가 있다. 주위를 둘러보면 엇비슷한 분위기에 차별화되지 않은 프로그램과 전문적이지 않은 고객 관리 등 한마디로 개성 없고 프로페셔널하지 않게 운영되는 도장이 많다. 이런 문제점을 찾아 개선해야 한다.

도장이 추구하는 교육 방향, 가르치는 방법, 수련생 가족들과 맺는 관계의 방식 등 더 나은 도장을 만들기 위해 우리가 할 수 있는 개선을 하면 된다. 같은 지역에서도 도장의 위치를 조금 옮기는 것으로 대단한 성장을 거두기도 한다. 같이 일하는 사람이 바뀌는 것만으로도 도장 분위기가 확 바뀔 수 있다. 클래스 스케줄에 변화를 주거나 입관시스템을 새로 정비해 큰 효과를 볼 수도 있다. 가르치는 마음가짐에 긍정적이고 새로운 에너지를 더해 활기 있게 성장하는 도장이 되기도 한다.

디테일한 긴장감

　누구나 처음 하던 일이 손에 익고 나면 대충하는 경향이 생기는데, 이 대충이란 것이 제일 나쁜 것이고 이것이 성공을 방해하는 최대 장애물이 된다. 무슨 일을 하던 간에 팽팽한 긴장의 끈을 놓쳐선 안 된다.

　'지속적으로 성장하고 있는가? 어제보다 오늘이 나은가?'

　이렇게 개선이 체질화되어야 한다. 잘못하던 것은 고치고 잘하던 것은 더욱 잘하게 만들어야 한다. 그럴 때 성공을 향한 발전의 궤도에 머물 수 있다.

　문제를 찾아 지속적인 개선을 이루어내자면 타성에 젖어 해오던 일을 그냥 반복하지 말라.

　'과연 더 좋은 방법은 없을까?'

　'더 잘하기 위해 무엇이 필요할까?'

　'조금 더 디테일하게, 조금 더 효과적으로 해볼 순 없을까?'

　이런 질문을 끊임없이 던짐으로써 변화를 시도해야 한다. 언제 어디서든 개선의 여지는 있게 마련이다. 관심을 가지고 들여다보면 새로운 방법이 보인다. 이렇게 좀 더 나은 결과를 만들어내기 위해 매일매일 긴장의 끈을 놓지 말아야 한다. 월드클래스에서 일하는 모든 스태프는 긴장의 끈을 놓지 않으려는 의지가 강하다. 수업시간에 가르치는 세세한 행동 하나, 말 한마디도 미리 준비되고 정제된 언어를 사용하려 노력한다. 짧은 수련시간 안에 헛되이 시간을 낭비하지 않고 우리가 생각하는 바를 가르치고 원하는 결과를 도출해내야 하기 때문이다.

수련시간에 긴장의 끈을 놓지 않는다는 말은 구체적으로 어떤 모습일까?

'동작을 시범 보일 때 정확한 모습을 보여주고 있나?'

'동작에 대한 설명이 너무 장황하진 않나?'

'잘한 수련생에게 적시에 칭찬은 하고 있나?'

'출석률은 어떠한가, 심사 볼 준비는 되었나?'

'오늘 유난히 집중하지 못하는 수련생이 있다면 왜 그런가?'

무엇에든 열심히 하고자 하는 수련생들의
월드클래스의 수업 분위기에서는
늘 긴장과 도전의 에너지가 느껴진다.

'이런 수련생에게 어떻게 동기부여를 해줄 것인가?'

긴장감을 가지고 수련생 하나하나를 일일이 지켜보며 체크하고 있다. 그냥 때가 되었으니 심사 봐서 벨트 하나 올려 주자거나 혹은 저러다 그만둘 것 같은데 트로피 하나 줘서 달래보자는 식의 운영은 절대 안 된다.

수련생 개개인에 대해 정확한 자료나 근거를 가지고 종합적으로 살펴보고 대응해야 한다. 즉흥적으로 대응해선 안 된다. 도장에서 일어나는 아주 작은 일에도 결코 소홀히 다루지 않는 것이 바로 성공의 열쇠다. 모든 것에서 긴장하고 모든 것에서 더 나은 방법을 찾아가야 한다.

지름길은 없다: 한 길을 걸어가라

도장을 운영하다 보면 갈림길을 항상 만나게 되고, 크고 작은 선택을 하게 된다. 선택의 순간에 머뭇거리지 않기 위해선 원칙이 있어야 한다. 내 원칙 중 하나는 급히 질러가려는 '숏컷(Short Cut)'을 추구하지 않는 것이다. 숏컷은 당연히 딛어야 할 단계를 건너뛰는 것이다. 대강대강 하거나 꼼수를 부리는 것은 통하지 않는다. 그것은 곧 한계가 드러난다.

나는 오직 태권도 한 길을 추구한다. 요즘 MMA의 열기를 타고 주짓수나 킥복싱 등 다른 무술을 가르치는 도장이 많다. 이런 흐름은 태권도가 추구하는 가치, 우리가 가르치고자 하는 교육의 가치와 맞지 않다. MMA에 눈 돌릴 필요가 전혀 없다. 우리가 원하는 고객은 그런 곳에 관심을 두지 않기 때문이다. MMA 경기 관람을 즐기는 사람들도 너무 폭력적인 경기 방식에 자신이 직접 수련하거나 자녀에게 권하는 것을 부담스러워한다. 오히려 MMA가 매스컴을 타고 흥행할수록 무술에 대한 관심이 높아져 태권도장이 덕을 볼 수도 있다.

많은 태권도장이 과외 수익을 위해 애프터스쿨 프로그램을 운영하고 있다. 월드클래스에는 애프터스쿨 프로그램이 따로 없다. 미국 태권도장들이 공격적인 마케팅을 통해 급성장하다 서비스 질이 받혀 주지 못해 위축되던 2000년대 초, 방과후 학생들을 실어와 부모가 퇴근하는 시간까지 돌봐주는 애프터스쿨 프로그램이 접목되면서 도장 비즈니스가 잃었던 활력을 되찾았다. 그때도 내게 애프터스쿨 프로그램을 해보라는 권유가 많았다.

"저는 그저 태권도 수련에만 매진하고 태권도로 승부를 보겠습니다."

애프터스쿨 프로그램을 하면서도 훌륭하게 좋은 태권도를 가르치는 도장들이 있는 것을 안다. 그러나 애프터스쿨 프로그램이 수입의 주가 되면 거기에 휩쓸려 태권도 교육의 본질이 상할까 염려했던 것이다. 애프터스쿨뿐 아니라 월드클래스에선 아이들이 좋아하는 놀이를 프로그램에 활용하지 않는다. 너댓 살짜리들을 위한 리틀타이거클래스는 물론 모든 어린이클래스에서도 놀이 없이 태권도만 가르친다. 어떻게 어린 아이들에게 태권도만 가르칠 수 있느냐고 하는데, 나는 "왜 안 되느냐?"고 되묻는다. 어린 아이들의 잠재력을 과소평가하면 안 된다. 훈련을 통해 습관을 길러주면 된다. 이것이 태권도 수련의 '컨디셔닝(Conditioning)'이다.

인성
태권도
창조

이 사범: 월드클래스 교육철학의 큰 틀을 받치고 있는 기둥이란 과연 어떤 기둥을 말씀하시는 것입니까?

정 관장: 아주 심플합니다. '수련생들에게 무엇에든 최선의 노력을 경주하는 것이 습성이 되도록 이끌겠다!' 이것이 내가 가지고 있는 교육의 근본이고 우리 도장의 기둥입니다.

이 사범: 월드클래스에선 어린 아이들로부터 성인에 이르기까지 에너지가 대단하고 그 표정부터 눈빛까지 진지할 뿐 산만하질 않았습니다. 어떻게 가능합니까?

정 관장: 먼저, 사범이 열정을 가지고 최선을 다하는 모습을 보여야 합니다. 당면한 도전과제와 장애물을 극복하는 법을 스스로 터득하는 인격적 발달을 가져오게 만들어내는 것이 월드클래스 인성교육의 틀입니다. 둘째, 상대와 마주 섰을 때 상대를 배려하는 존중과 협력의 자세를 강조합니다. 함께 수련하는 상대가 잘 할 수 있도록 협조하고 배려하는 것이야 말로 태권도 수련의 올바른 태도이고 이것을 가르치는 것이 인성교육입니다. 셋째, 체험적 교육입니다. '열심히 하니 되더라! 열심히 하니 재미있더라!' 하는 것을 스스로 체험하고 깨닫도록 습성화시키는 것입니다.

이 사범: 어떤 도장들은 인성교육의 일환으로 가정에서 해야 할 행동규범들을 지시하고 점검받는 리스트를 어린 수련생들에게 작성하게 시키곤 하던데 이런 인성교육 방법은 어떻다고 보십니까?

정 관장: 이는 닦았는지, 손톱 발톱은 깎았는지, 숙제는 끝냈는지, 이부자리는 정돈했는지 등을 확인을 받는 리스트입니다. 우리가 해야 할 일에 대한 확신을 가지지 못하기 때문에 하는 일입니다. 홈차트라도 점검하면서 우리의 할 일을 회피하는 것입니다. 심지어 학교 성적표를 가져오라는 도장도 있습니다. 과연 그것들이 태권도 도장에서 할 교육일까요? 가정에선 부모의 일이 있고 학교에선 선생님의 일이 있으며 우리는 도장 일의 영역이 있습니다.

이 사범: 월드클래스 인성교육의 전체적인 틀을 자세히 설명해주셨으면 합니다.

정 관장: 1단계, 좋은 기초 습성 길러주기
2단계, 상호협력 정신 길러주기
3단계, 극기, 잠재력 일깨워주기
4단계, 통솔력, 솔선수범 능력 길러주기입니다.

이 사범: 태권도 인성교육의 최종 목적과 가치는 어떤 것입니까?

정 관장: 태권도 수련의 근본목적은 건강한 신체 발달과 훌륭한 인격 도야에 있습니다. 신체적, 정신적 강인함을 갖춰 자신감을 함양해 새로운 환경에 적응하고 도전할 수 있는 당당한 인격으로 진일보하려는 노력입니다.

이 사범: 인성교육은 모든 도장이 강조하고 나름의 방식으로 시행히고 있긴 합니다. 다만 그 방법이나 효과가 모호해서 그저 듣기 좋은 말잔치로 그치는 경우가 많은 실정입니다. 월드클래스에서 강조하는 인성교육의 틀은 무엇입니까?

정 관장: 명심보감을 함께 읽고 '태권도인은 이런 자세를 가져야 한다'는 식의 주입식 교육은 하지 않습니다. 태권도 시간에 가족에 대한 감동영상을 보여주고 나서 집에 가서 부모님께 효도하라는 식의 교육에도 난 거부감을 가지고 있습니다. 태권도 수련과는 직접적인 관계가 없는 것, 태권도 수련과는 동떨어진 것을 태권도 교육이라고 들이대는 것은 부끄러운 일입니다.

이 사범: 태권도가 인성교육으로서 성공하기 위해서는 어떻게 해야 합니까?

정 관장: 인성교육의 성공요인은 가르치고자 하는 덕목들에 대한 지속적인 응용에 달렸습니다. 월드클래스에서는 기본동작에서부터 품새를 비롯해 겨루기, 한번 겨루기, 호신술 등 태권도 수련의 모든 부분에서 수시로 인성덕목들을 거론해 유기적이고 능동적으로 활용하고 있습니다. 태권도 수련의 목표는 육체적, 정신적으로 고루 단련된 사람, 인격적 교양과 삶이 잘 균형 잡힌 사람들을 만들어내는 것입니다. 이런 인성교육이 오늘의 월드클래스를 있게 한 가장 강력한 경쟁력이 된 것입니다.

이 사범: 태권도 수련을 통해 어떤 교육의 결과를 끌어내야 합니까?

정 관장: 사회는 나홀로 살아가는 곳이 아닙니다. 다른 구성원과 문제를 함께 해결하는 공존의 장입니다. 어울려 사는 방법을 배워야 합니다. 함께 훈련하고, 함께 땀 흘리고, 함께 조화롭게 성장하도록 이끄는 것이 우리 인성교육의 목적입니다.

세 개의 인성기둥

도장에는 보이지 않는 기둥이 있어야 한다. 그 기둥이 도장을 받쳐주고, 도장에서 행해지는 모든 일과 맞물려 돌아갈 때 도장의 교육적 가치가 자리 잡는다. 월드클래스 교육철학의 큰 틀을 받치고 있는 기둥은 간단하다

첫째, 수련생에게 무엇에든 최선을 다하는 것이 습성이 되도록 이끈다. 이것이 내 교육의 근본이고, 우리 도장의 기둥이다. 월드클래스에선 어린 아이부터 성인에 이르기까지 에너지가 대단하고 수련의 자세가 진지하다. 사범이 먼저 열정을 가지고 최선을 다하는 모습을 보여야 한다. 최선을 다할 때 느끼는 즐거움을 보여주고 가르친다. 그 방법이 격파일 수도 있고, 겨루기일 수도 있고, 품새일 수도 있지만, 중요한 것은 일거수일투족의 모든 수련 속에 최선의 노력을 다하는 진지한 자세가 깃들도록 가르치는 것이다. 이처럼 당면한 도전과제와 장애물을 극복하는 방법을 스스로 터득하는 인격적 발달을 가져오는 것이 월드클래스 인성교육의 틀이다.

둘째, 상대와 마주 섰을 때 상대를 배려하는 존중과 협력의 자세를 강조한다. 함께 수련하는 상대가 잘할 수 있도록 협조하고 배려

하는 것이 태권도 수련의 올바른 태도이고, 이것을 가르치는 것이 인성교육이다.

사회는 나홀로 살아가는 곳이 아니다. 다른 구성원과 문제를 함께 해결하는 공존의 장이다. 어울려 사는 방법을 배워야 한다. 함께 훈련하고, 함께 땀 흘리고, 함께 조화롭게 성장하도록 이끄는 것이 우리 인성교육의 목적이다. 이렇게 태권도 수련을 통해 얻어지는 공존과 협력의 인성덕목이 습성화되어 삶의 현장 곳곳에 드러날 때 수련생들은 학교, 직장, 사회 어디에서든 인재로 인정받는다.

셋째, 월드클래스는 체험적 교육을 추구한다. '열심히 하니 되더라! 열심히 하니 재미있더라!' 하는 것을 스스로 체험하고 깨닫도록 습성화한다. 자신감을 가르친다며 "나는 할 수 있다!"만 열심히 외치게 하는 곳도 있는데, 구호 몇 마디로 자신감이 생긴다면 그 자신감이 과연 얼마나 오래가겠는가?

이런 세 가지 교육의 틀이 월드클래스 도장 안에 보이지 않게 우뚝 서 있는 기둥이며 미국 전역에서 한결같은 성공을 이끌어낸 원동력이다.

인성교육은 현대 태권도에서 중요한 주제다. 그런데 막상 수련을 통한 체험적 교육이라니 와 닿지 않는다. 인성교육은 신체발달과 체육 기능 향상을 넘어 태권도 수련의 가장 소중한 가치다. 현대의 태권도는 거친 투쟁의 기술보다 인성을 다듬을 훌륭한 교육 도구로 더욱 가치가 있다.

'내가 최선을 다해 집중하고 열심히 하는 것이 사범에 대한 존경의 표현이구나. 파트너와 수련하면서 최선을 다하는 것이 상대를 배려하는 것이구나. 이것이 나의 책임이구나, 상대를 배려하고 조화를 이루는 수련이 더 재미있구나. 과연 내가 할 수 있을까 걱정했는데 열심히 해보니 되는구나. 내 안에 할 수 있는 힘이 있구나!'

이렇게 하나씩 태권도를 통해 체험하며 배워가는 것이다. 이렇게 익혀가는 자기 신뢰, 인내와 헌신이 주는 열매의 달콤함, 모든 이를 향한 겸손과 감사, 협력의 마음 등 인성덕목은 어린 수련생뿐 아니라 성인 수련생의 삶에도 큰 도움이 된다.

태권도 안에서 단기 목표와 장기 목표를 세우고 도전해 성취하는 과정을 반복하다 보면 인생 전반에서도 스스로 목표를 정하고 최선을 다해 도전하며 마침내 목표를 성취하는 능력을 스스로 터득하게 한다.

인성교육은 모든 도장이 강조하고 나름의 방식으로 시행하고 있다. 다만 그 방법이나 효과가 모호해 그저 듣기 좋은 말잔치로 그치는 경우가 많다. 우리 도장에서는 "다 앉으세요! 오늘은 존경에 대해 설명하겠습니다."는 식의 교육이나 명심보감을 함께 읽고 "태권도인은 이런 자세를 가져야 합니다."라는 식의 주입식 교육은 하지 않는다. 태권도 시간에 가족에 대한 감동영상을 보여주고 집에 가서 부모님께 효도하라는 식의 교육에도 거부감을 가지고 있다. 태권도 수련과는 직접적인 관련이 없는 것, 태권도 수련과는 동떨어진 것을 태권도 교육이라고 들이대는 것은 부끄러운 일이다.

수업 속에서 인성의 덕목을 다루어야 한다. 존중이라는 덕목을 가르치는 경우 수업시간마다 수련에 최선을 다하는 것이야말로 사범에 대한, 파트너에 대한 존중이고 배려라고 가르친다.

"와, 수잔, 힘차게 기합을 넣고 최선을 다해 발차기하는 것을 보니 진짜로 사범을 존중하고 파트너를 존중하는 걸 알겠구나! 참 고

맙구나."

수련을 통해 열정과 집중, 존중, 책임감 같은 인성을 배운 수련생이라면 학교에서도 모범을 보이고 가정에서도 부모님을 존중하고 남을 배려하며 맡겨진 일에 최선을 다하는 책임감을 보일 것이다.

겸손, 인내, 협력, 자신감, 열정, 리더십 등의 단어들이 수업시간 곳곳에서 튀어나온다. 그것들이 자연스럽게 수련과 연결되어 수련생에게 습성화되도록 이끄는 것이야말로 태권도 인성교육이다.

사범의 역할이 아주 중요하다. 품새를 가르칠 때 사범이 대충 보여주고 따라하라고만 하면 다들 외우는 것에만 집중한다.

'태권도에선 외우는 것이 중요하구나. 품새를 다 외웠을 때 사범께서 칭찬해 주시는구나.'

이런 생각을 갖게 되면 빨리 외우려고만 들고 동작을 다 외우면 품새를 다 배웠다고 생각한다.

사범이 품새를 가르치면서 아주 흥미진진한 표정으로 절도 있고 정확한 동작을 설명하고 보여주면 수련생들은 그 감흥을 그대로 받는다.

'아~, 정확하게 하는 것이 중요한 것이구나. 저렇게 최선을 다하는 것이 재밌는 것이구나!'

더불어 "쟈니, 네 아래막기 끊어 막는 스냅이 아주 좋아졌구나!" 하고 칭찬을 해주면 '아~, 이렇게 힘을 주어 끊어 막는 것이 잘하는 것이구나. 사범님처럼 절도 있게 하는 것이 잘하는 것이구나!' 하고 동작 하나 하나를 더 잘 하려고 최선을 다해 노력하게 된다. 이것이 인성교육의 뿌리다.

수업시간에 앉혀놓고 동영상을 보여주고 사서삼경을 외게 한들

그것이 얼마나 효과가 있을 것이며 그것을 태권도 인성교육이라고
할 수 있겠는가?

태권도 수련 안에 이미 답이 있다. 태권도로 승부를 보겠다, 좋은
태권도를 가르쳐 최선의 노력을 경주하는 습성을 길러내겠다는 각
오를 가져야 한다.

홈차트의 한계

어떤 도장은 인성교육의 일환으로 가정에서 행동규범을 지시하고 점검받는 리스트를 어린 수련생들에게 작성하게 한다. 그것을 '홈차트(Home chart)'라 부른다. 이는 닦았는지, 손톱 발톱은 깎았는지, 숙제는 끝냈는지, 이부자리는 정돈했는지, 부모님 말씀은 잘 듣는지 등을 확인받는 리스트다. 우리가 할 일에 대한 확신을 가지지 못하기 때문에 하는 일이다. 홈차트를 내주고 점검하면서도 정작 우리가 할 일은 제대로 하지 못할 수 있다. 심지어 학교 성적표를 가져오라는 도장도 있다.

과연 그것들이 태권도 도장에서 할 교육일까? 그것은 부모의 일이 아닌가?

'우리 아이 이 닦는 것을 왜 도장에서 가르치려 들고, 공부 못한다고 도장에서 간섭을 하려 하는가?'

부모 입장에서는 월권으로 생각할 수 있다. 자존심 있는 부모라면 거부할 것이다. 가정에서는 부모의 일이 있고, 학교에서는 선생의 일이 있고, 도장에서는 우리 일이 있다.

우리가 도장에서 할 일은 발차기할 때 열정을 다하고, 품새에 집중하고, 파트너와 수련할 때 서로 존중하는 법을 가르치는 것이다. 기합을 제대로 넣고 상대를 위해 최고의 수련 파트너가 될 수 있게 책임감을 가르치는 것이다. 이런 인성덕목이 태권도를 통해 습성이 되도록 하는 것이 도장에서 할 교육이다. 우리가 할 일을 제대로 하면 부모들은 홈차트를 쳐다볼 필요도 없을 것이다.

　태권도 수련 안에서 어려움을 극복한 적이 없는데 어떻게 인내를 배우겠는가. 자기 할 일을 책임감을 가지고 한 적이 없는데 어떻게 책임감을 배우겠는가. 좋은 태권도 수련을 통해 아이들이 몸을 단련하고 흐트러진 정신을 하나로 모으고 인성과 소양을 기르게 하는 것이 도장에서 할 일이다.

월드클래스의 인성교육 덕목

인성교육을 긴 호흡을 가지고 지속적으로 해가면 정말 좋은 결과
가 드러날 것이다. 월드클래스에서는 인성교육의 10가지 덕목을 정
해 네 단계로 가르치고 있다.

1단계

좋은 기초 습성 기르기(흰띠·노란띠): 집중·열정·목표 설정

2단계

상호협력 정신 기르기(주황·초록띠): 협력·자기절제

3단계

극기·잠재력 일깨우기(파란·갈색띠): 인내·자신감

4단계

통솔력·솔선수범 기르기(빨간·검은띠): 존중·책임감·리더십

이 덕목들은 태권도 수련과도 직접적으로 관련되기 때문에 수업 중에 수시로 강조하고 일상생활에도 긴요하게 적용할 수 있다. 나의 오랜 태권도 지도 경험과 더불어 학부형, 교사, 심리상담가들의 의견을 반영해 선별한 것이다.

이 덕목들을 보면 다른 곳에는 흔히 있는데 우리에게는 없는 덕목들이 금방 눈에 띌 것이다. 효도, 충성, 정직 등이다. 태권도 수련을 통해 만들어내는 인성덕목으로는 다루기 민감하다고 판단해 일부러 골라냈다.

현대사만 보더라도 충성이라는 단어는 위험하다. 지난 세월 독재자가 원하는 대로 국민을 쉽게 이끌어가기 위해 강요한 사실을 부인할 수 없다. 사범이나 도장에 충성하라면 말이 되겠는가. 충성은 강요로 될 일이 아니다.

'효도'도 마찬가지다. "부모에게 감사하라."는 말은 심사 볼 때나 특별한 행사 때마다 강조하는 덕목 중 하나다. 그러나 거기까지다. 효도 교육이라는 미명 아래 수업시간에 태권도 수련과 관련 없는 동영상을 보여주고, 효경을 읽게 하는 등 주입식 교육을 지양해야 한다.

효도를 어떻게 태권도 수련과 연관지어 가르칠 것인지도 문제다. 주먹을 지르며 "효도! 효도!" 하는 구호를 외치게 하고 나서 효도를 가르쳤다고 할 것인가. 이것이야말로 재미없는 것이다. 효도란 부모님 마음을 흡족하게 해드리는 것 아닌가.

"존, 네 주먹지르기가 정말 힘차고 보기 좋아졌구나! 너는 네가 하는 일에 책임감을 가지고 최선을 다할 줄 아는구나! 앞으로도 계속 그렇게 잘할 수 있겠지?"

이런 행동이 이어져야 집에 가서도 부모님의 마음을 흐뭇하게 해주는 효도로 발전할 확률이 높지, "효도!" 하며 주먹지르기를 100번 했다고 집에 가서 효도할 아이가 얼마나 있겠는가. 이것은 단지 '우리가 쓸데없는 노력이지만 뭔가 하기는 했다.'는 전시효과에 지나지 않는다.

실제 태권도 수련 중 활용할 인성교육 덕목을 찾아내는 것이 중요하다. 태권도를 수련하면서 적절한 인성덕목의 단어들이 튀어나오고 이것이 가정, 학교 더불어 사회로까지 확대되어 활용된다면 태권도를 통한 인성교육이 올바른 방향일 것이다.

월드클래스에서는 수련을 시작하면서부터 무엇을 배울지 단계별로 정리된 커리큘럼이 지급된다. 심사 볼 때마다 인성덕목에 대한 간단한 필기시험도 있다. 흰띠 과정에서는 집중이라는 덕목을 배우게 되는데 어린 수련생이라면 어떤 경우에 어떤 식으로 집중을 활용할지 부모와 마주앉아 상의하며 답을 쓰게 한다.

성인 수련생에게도 태권도 수련을 통해 배운 집중이라는 덕목을 어떻게 생활에 적용하고 있는지, 어떤 도움이 되고 있는지를 구체적으로 서술하게 한다. 심사시간에 발표를 통해 경험을 나누기도 한다.

벨트별로 강조하는 인성덕목 주제가 있지만 모든 인성덕목을 필요에 따라 어느 클래스에서나 활용한다. 태권도를 통해 삶에 유용한 인성덕목을 가르친다는 목표로 수련한다면 수련생들이 가진 좋은 성품과 잠재력이 지역사회에도 맑은 반향을 일으켜 태권도장을 귀한 교육의 장으로 인식하게 된다.

이런 인성교육의 성공요인은 가르치고자 하는 덕목에 대한 지속적인 응용에 달려 있다. 월드클래스에서는 기본동작에서부터 품새를 비롯해 겨루기, 한번겨루기, 호신술 등 태권도 수련의 모든 부분에서 수시로 인성덕목을 거론해 유기적이고 능동적으로 활용하고 있다.

우리가 바라는 태권도 수련의 목표는 육체적, 정신적으로 고루 단련된 사람, 인격적 교양과 삶이 균형 잡힌 사람을 만들어내는 것이다. 이런 인성교육이 오늘의 월드클래스를 만든 경쟁력이다.

벨트별로 우리가 가르치는 인성덕목을 하나씩 짚어보자.

흰띠 과정: 집중(Focus)

흰띠는 태권도를 처음으로 배우는 단계라 뭐든 익숙하지 않다. '나도 잘 할 수 있을까?' 하는 의문이 수련생에게나 학부형에게 들게 마련이다. 그렇기에 사범이 특별히 관심을 가지고 초보자로 하여금 '나도 할 수 있다'는 자신감을 심어주고 이끄는 기간이다.

이 과정에서는 인성덕목 중 집중을 강조한다. 집중이란 육체적, 정신적, 그리고 감성적 에너지까지 한 가지 일에 쏟아 붓고 관리하는 능력을 말한다. 눈으로, 몸으로, 마음으로 집중하는 방법을 습성화하는 것은 새로운 기술을 익히는 데도 중요하다.

집중은 존중의 다른 표현이다. 훈련할 때 사범에게 최선을 다해 집중하는 것이 사범에 대한 존중이고 파트너 훈련할 때 상대에게 집중하는 것이 상대에 대한 존중이라고 가르친다. 어떻게 상대를 존중하며 조화를 이룰까. 이것이 바로 사회성이고 인성교육의 근간이다. 집중이라는 덕목을 통해 존중, 협력, 조화라는 덕목까지 배울 수 있다. 태권도 수련을 통해 수련생 스스로 삶을 살아가는 데 도움이 될 인성덕목을 하나씩 몸에 익혀나가도록 이끄는 것이 태권도 교육이다.

집중을 가르치기 위해서는 사범이 최선을 다해 열정을 가지고 수업에 집중하는 모습을 보여주어야 한다. 우리 도장에서는 다섯 살짜리 수련생이라도 사범이 동작 하나 하나를 최선을 다해 정확히 보여주고 가르치고자 노력한다. 절대 대충 보여주고 따라 하라거나 '꼬마들이 해봐야 그게 그거지 뭐.' 하는 식으로 교육하지 않는다.

태권도 동작을 예비동작으로부터 본동작까지 단계별로 정확히 설명하면서 시범을 보이면 아무리 어려도 품새든 한번겨루기든 열심히 잘 따라와 준다.

흰띠 과정에서는 너무 많은 것을 가르치지 않는다. 너무 많은 것을 가르치려다 보면 게도 잃고 구럭도 잃는다. 집중해 최선을 다하는 좋은 습성의 씨를 뿌려줄 뿐이다. 이것이 오랫동안 태권도를 즐기게 하고, 좋은 수련의 결과와 가치를 이끌어낼 결정적인 요인이다.

집중교육에 대한 몇 가지 예를 들어 보자. 얼마든지 다양한 방식으로 응용할 수 있다.

집중의 응용

수업 시작: "자, 오늘 사범은 여러분과 즐겁고 신나는 시간을 만들어 보려고 합니다. 그러기 위해서는 먼저 여러분의 도움이 필요합니다. 첫째, 시선과 귀, 정신을 사범에 집중해 주세요. 사범이 설명을 할 때는 자세는 바르게 하고 시선과 귀를 모아 경청합니다. 네, 바로 그겁니다! 와~ 보기 좋습니다. 벌써 기분이 좋아집니다. 두 번째 수련하는 동안 최선을 다해야 합니다. 여러분이 최선을 다해 노력하면 틀림없이 즐거움과 감동이 느껴지는 좋은 수련이 될 것입니다!"
차렷: "다들 이렇게 반듯한 차렷 자세로 서 있다는 것은 지금 최고의 집중력을 발휘하고 있다는 증거입니다. 집중력이 이렇게 대단한 걸 보니 오늘 수업은 정말 신나고 재미있겠네요. 많은 것을 배울 수 있겠죠. 자, 그럼 이제 흥미진진한 수업을 시작해 볼까요?"

FOCUS
THE POWER OF CONCENTRATION

WORLD CLASS TAEKWONDO
BUILD SKILLS FOR LIFE

차렷 자세는 집중 외에도 자기조절, 자기절제를 교육할 때도 쓸 수 있고 협력과 존중, 열정과 자신감 등을 교육하는 도구로 사용할 수 있다. 이렇게 순간순간 필요한대로 각각의 덕목을 강조해가며 교육한다.

발차기 준비: "모두 쟈니를 봐 주세요. 이 친구는 발차기를 하기 전에 어떻게 집중해야 하는지 멋지게 보여주고 있습니다. 두 손은 들고 무릎은 고정되어 있으며 시선은 상대를 향해 있지요. 집중된 준비상태가 확실하게 보입니다. 다들 쟈니에게 박수!"

품새 수련: "이제 여러분이 열심히 수련한 품새를 보여줄 차례입니다. 그러기 위해선 몸으로만 집중할 것이 아니라 여러분의 마음과 시선까지 집중해야 합니다. 동작마다 최선을 다해 충만하고 집중된 에너지를 쏟아내야 합니다! 의식의 에너지를 모아 몸과 마음을 집중하고 나면 정신이 맑아지고 온몸의 기운은 상쾌해집니다. 이것이 바로 집중의 힘입니다. 의식의 에너지를 모아 한 곳에 집중할 수 있을 때 무슨 일이든 즐겁고 잘할 수 있습니다. 이렇게 한 마음으로 집중할 때 태권도뿐 아니라 야구나 피아노 혹은 학교 공부 역시 재미있고 잘하게 됩니다."

노란띠 과정: 열정 (Enthusiasm)

노란띠에서는 열정적으로 기합을 넣는 것부터 열정의 에너지가 클래스 안에 충만하도록 가르친다. 열정이란 잘하고 싶은 욕구가 행동으로 드러나는 것이다. 매사에 능동적이면서 긍정적인 태도를 유지하는 열정은 강한 전염성을 갖는다. 사범이 열정적이면 수련생 모두 열정적으로 수련에 임하도록 불을 붙여주는 불씨가 된다. 새로운 기술을 배울 때나 이미 배운 기술을 반복할 때나 똑같이 흥미 진진하고 열정을 다해야 한다.

좋은 사범이라면 단순한 동작이라도 아주 흥미진진하게 가르칠 수 있어야 한다. 앞차기 하나를 보여주면서도 사범이 먼저 스스로 즐기는 모습을 보여주고 흥미진진하고 열정적인 에너지가 뿜어 나오면 수련생들도 그대로 따라오게 되고 클래스의 에너지도 높아지고 재미있어진다. "열정을 가지고 최선을 다하는 것이 재미있는 것이다."라고 사범이 말하지 않아도 수련생들은 자기의 눈에 비친 사범의 모습 그대로 열정 가득 따라가게 된다. 이것이 산교육이다. 그래서 열정이 넘치는 모습이 사범에게 먼저 습성화해야 한다.

열정의 응용

기합 넣기: "여러분의 우렁찬 기합을 들으니 열정적으로 수련에 임하고자 하는 의지가 뚜렷하게 보입니다. 이런 열정을 가지고 수련에 임하면 더욱 에너지가 넘칠 것이고, 여러분 또한 좋은 결과를 맛볼 것입니다. 여러분의 에너지가 넘치는 것을 보니 오늘 아주 재미

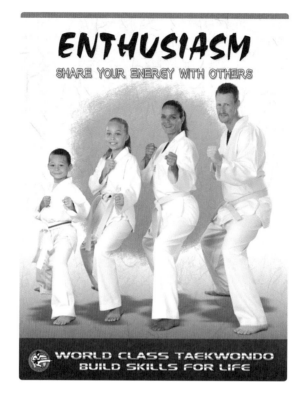

있는 시간을 만들 수 있겠다는 자신감이 생기네요. 자, 그럼 시작
해 볼까요?"

칭찬하기: "제이슨과 케이티가 시범을 보여줄 테니 나머지는 주의
깊게 봐주세요. 모두 잘 봤습니까? 두 사람이 아주 재미있게 수련
을 즐기는 모습 속에 뜨거운 열정이 느껴지죠? 두 사람은 자신의
에너지를 파트너와 함께 아주 열정적으로 나누고 있습니다. 여러분
도 서로에게 이런 뜨거운 에너지를 나누어주는 좋은 파트너가 되
어 줍시다!"

노란띠 과정: 목표 설정(Goal setting)

목표설정은 원하는 결과를 향해 포기하지 않고 힘껏 달려가는 용기를 준다. 목표설정이 먼저 되어야 그 꿈을 이루기 위한 방향으로 열심히 달려갈 수 있기 때문이다. 이를 위해 사범은 수련생들에게 지난 승급과정의 경험 속에서 어떻게 여기까지 왔는지를 돌아보게 해준다. 다음 벨트라는 작은 목표를 설정하고 한 걸음씩 내딛어 오늘을 이뤄냈듯이 검은띠라는 장기적 목표 역시 최선의 노력을 다해가는 과정을 통해 누구나 성취할 수 있음을 알려준다.

먼저 오늘 수업에서는 '품새를 좀 더 잘해보자. 한번겨루기를 제대로 익혀보자. 집중을 좀 더 잘 해보자.'는 등의 눈앞에 있는 단기목표를 세워주고 성취하게 이끌어야 한다. 이렇게 목표를 설정하고 열정을 다해 도전하는 습성을 익히도록 이끌어주는 것이 노란띠 과정에서 강조하는 인성덕목이다. 우리 도장에서는 사범뿐 아니라 모든 수련생이 왜 태권도를 수련하는지 우리의 목표가 무엇인지 잘 알고 있다. 목표가 확실하니 열정적이고 열심이라 중도포기가 적다.

목표 설정의 응용

수업 전 묵상: "여러분, 눈을 감고 오늘의 목표를 하나 설정해 보세요. 열정을 다해 품새를 하는 자신의 모습을 그려보고 전보다 더욱 나아진 자신을 상상해 보세요. 머릿속에 이렇게 목표가 되는 명확한 그림을 그려놓고 수련하면 정말 그렇게 됩니다. 이것이 바로 목

표설정의 힘입니다."

승급 심사 후: "새로운 벨트를 받고 승급한 여러분 진심으로 축하드립니다. 그 동안의 성심어린 수련의 결과로 여러분은 검은띠에 한 층 더 가까이 다가섰습니다. 다음 레벨은 이전보다 더 큰 인내와 도전정신이 필요합니다. 하지만 여러분은 이미 준비가 되어 있습니다. 우린 함께 더 큰 목표를 향해 나아갈 것이고 함께 그것을 성취할 것입니다! 다들 그렇게 할 수 있죠?" "네!"

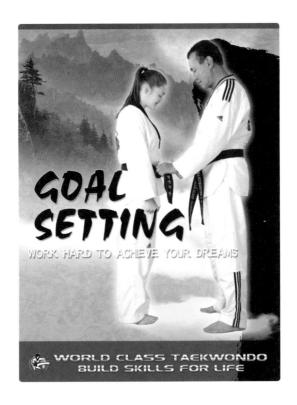

초록띠 과정: 협력(Cooperation)

우린 함께할 때 더 많은 것을 성취할 수 있다. 협력은 서로를 돕는 기술이며 이는 타인에 대한 이해와 존중, 그리고 배려가 있을 때 가능한 일이다. 그래서 파트너와 훈련할 때마다 함께하는 수련이 얼마나 소중한지를 강조한다. 좋은 파트너가 수련에 얼마나 큰 차이를 만들어내는지에 감사하도록 한다. 더불어 상대에게 좋은 파트너가 되어준다는 것은 좋은 태권도인이 된다는 뜻이라고 강조한다.

<u>협력의 응용</u>

줄서기: "사범이 정렬! 이라고 할 때 모두 재빠르게 줄을 서주는 모습을 보여줬으면 한다. 이 말은 함께 협력해야 한다는 뜻이다. 빠르고 정확하게 줄을 서고 대형을 유지하기 위해선 주위를 둘러보아 자기 위치를 확인하고 다른 사람들과 협력해 움직여야 하며 때론 자기 자리도 양보할 줄 알아야 한다. 이렇게 서로 협력할 때 우린 더 좋은 결과를 도출할 수 있다.

한번겨루기·호신술: "한번겨루기를 잘하려면 파트너와 긴밀한 협력이 필요하다. 내가 최선을 다해 내 역할을 다 할 때 상대의 훈련에 큰 도움이 된다. 그러니 파트너와 동작을 할 때 최선을 다해 협조해주길 바랍니다."

COOPERATION

TOGETHER, EVERYONE ACHIEVES MORE

WORLD CLASS TAEKWONDO
BUILD SKILLS FOR LIFE

초록띠 과정: 자기절제(Self control)

　자기조절 혹은 자기절제란 내 행동은 내가 책임진다는 자세를 가지고 스스로를 다스리는 능력을 말한다. 기술이 성장하는 단계에서는 힘과 스피드, 정확성의 조절 능력뿐 아니라 행동과 감정의 조절 능력까지 배워야 한다. 자기조절 능력을 기르기 위해서는 게으르거나 무절제한 부정적인 습관은 버리고 매사에 집중하며 최선을 다하는 습관을 길러야 한다.

자기조절의 응용

발차기 안전교육: "발차기 연습을 할 때는 최고의 속도로 상대 몸에 최대한 가까이 차야 한다. 그렇다고 신체에 직접 타격을 가해서는 안 된다. 탁월한 조절 능력이 필요하다는 뜻이다. 집중한 상태에서 스스로 힘과 기술을 조절할 때 더 안전하고 흥미진진한 훈련이 될 것이다."

파트너 훈련 안전교육: "자, 지금 하는 훈련은 상대를 직접 차고 지르는 것이 아님을 기억해 주세요. 최고의 집중력을 발휘해 상대를 실수로라도 차는 일이 없도록 스스로를 조절해야 합니다. 상대방이 나를 찬다면 이것은 단순한 실수로 발생하는 일이니 자기절제 능력을 발휘해 성내거나 흥분하는 일이 없도록 해주세요. 실수로 상대를 차게 되면 곧바로 머리 숙여 사과하고 상대 또한 정중히 그 사과를 받아주기 바랍니다. 이것이 바로 태권도인의 예의이고 상호존중정신입니다."

파란띠 과정: 인내(Perseverance)

월드클래스는 파란띠 과정부터 품새며 기술이 다소 복잡하고 어려워진다. 1년 정도의 수련을 거쳤기 때문에 이미 안다고 생각되는 것이 반복되기 때문에 지루해질 수 있는데다 3~4개월은 수련해야 다음 벨트 심사에 응시할 수 있어 만만치 않다. 그러다 보니 태권도 수련을 포기하고 싶은 순간이 생긴다. 이때 강조되는 인성덕목이 바로 인내다.

수련 속에서 만나는 어려움이란 수련을 계속할 이유일 뿐이다. 장애물을 극복하는 과정이 만만치 않지만 이를 통해 인내를 강조할 수 있기에 파란띠 과정이 우리 도장 전체 과정 중 제일 수련생들이 떨어지지 않는 코스이기도 하다. 인내란 쉽게 포기하지 않는 정신을 말하는데 이를 통해 깊이 묻혀 있던 잠재력을 깨울 수 있다.

월드클래스에서는 혹시라도 어린 수련생이 수련을 지루해하거나 어려워하면 부모들이 독려해 도장에 보내준다.

"어려움을 이겨내는 과정이야말로 자녀를 태권도장에 보내야 하는 이유입니다. 이런 어려움을 뚫고 나갈 수 있도록 이끌어 주는 것이 우리의 공동된 목표이며 부모님과 함께라면 얼마든지 헤쳐 나갈 수 있습니다!"

이런 공감대를 태권도를 시작하는 순간부터 지속적으로 학부모들과 나누었기 때문이다. 이런 어려운 파란띠 과정을 통해 어리기만 했던 수련생들은 더욱 성숙해져 간다. '품새가 어렵고 발차기가 어려웠지만 해보니까 되더라, 나도 할 수 있다.'는 자신감도 배우게 된다. 문제는 더 어려운 품새, 더 어려운 동작을 배워나가기 위해 꼭 필요한 반복 숙달을 사범들이 겁을 내곤 한다는 것이다. '이미 했던 것인데 이걸 또 가르쳐야 하나? 했던 것을 또 하려면 지루하고 재미없어 수련생들이 싫어하는데……' 하면서 어쩔 수 없이 가르치면 수련생도 똑같이 지루함을 느끼기 시작한다.

그러다 보니 힘든 태권도 하느라 고생했으니 그에 대한 보상으로 공하나 던져주고 놀게 하는 일이 생기는 것이다. 다시 말하지만 월드클래스에선 수업 중에 결코 놀이를 하지 않는다. 왜? 태권도가 훨씬 재미있다는 확신을 가지고 있기 때문이다. 태권도가 이미 충분히 재미있는데 왜 공을 던져 주고 놀려주겠는가. 그럴 이유가 없다.

사범 중에는 수련생들에게 난이도 높은 동작이나 화려한 동작을 보여줘야 클래스의 집중도를 높이고 에너지를 높일 수 있다고 생각하는 사람도 있는데 나는 그렇게 생각하지 않는다. 어려운 동작은 따라하느라 정신이 없고 힘들기 때문에 잘 따라하지 못하는 사람들은 도리어 흥미를 잃기 쉽다. 클래스의 전체적인 에너지가 떨어질 수밖에 없다.

반면, 간단한 동작이더라도 모두가 잘하는 동작을 열정적으로 보여주고 따라하게 하면 오히려 높은 에너지를 끌어낼 수 있다. 심플한 동작으로 갈수록 클래스의 집중도가 높아지고 전체적으로 높은 에너지를 쉽게 나눌 수 있다.

새로운 것을 배우는 것이 재미있는 만큼 반복훈련도 재미있다는 것을 믿고 수련생에게 심어주어야 한다. 여기서 인내라는 인성교육이 이루어지는 것이다. 똑같은 것을 반복해 가르치면서도 어떤 사범은 힘들고 지루하게 끌고 가지만 어떤 사범은 굉장히 재밌고 힘

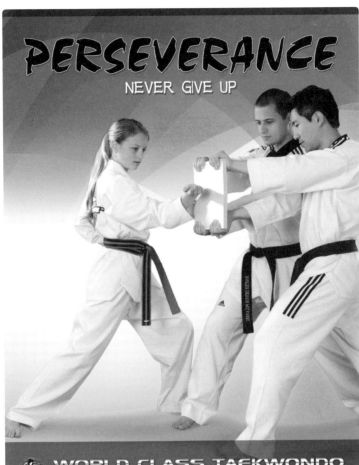

PERSEVERANCE
NEVER GIVE UP

WORLD CLASS TAEKWONDO
BUILD SKILLS FOR LIFE

차게 끌고 간다. 반복 교육도 재미있게 만들어내면 된다. 그 방법을 연구하는 것이 사범의 일이다. 태권도 교육은 반복 숙달 없이 이루어질 수 없다. 세상 모든 일이 그렇다. 반복 숙달 없이 잘 할 수 있는 일은 아무것도 없다. 반복 없이는 교육도 없다.

인내의 응용

뒤후려차기: "오늘 우리는 뒤후려차기를 배우겠습니다. 뒤후려차기는 태권도 기술 중 가장 아름답고 다이나믹한 기술 중 하나입니다. 처음 배우는 분들에게는 도전이 될 만한 발차기입니다. 처음 시도할 때 잘하지 못하더라도 실망하거나 포기하지 않길 바랍니다. 좋은 뒤후려차기를 익히기 위해서는 인내가 필요합니다. 끊임없는 반복 숙달해야 합니다. 그러다가 처음 뒤후려차기로 송판을 격파하는 날, 인내와 노력의 열매를 여러분 모두 확인할 것입니다!"

승급심사 후: "새로운 벨트를 받은 여러분에게 요구되는 수련과제는 좀 더 어려울 것이고 사범이 여러분에게 갖는 기대는 더 높아질 것입니다. 사범이 좀 더 연습해야겠다고 할 때 혹은 어떻게 더 잘 할 수 있을지를 알려줄 때는 조언을 진지하게 받아들여 인내를 가지고 밀고 나가보세요. 노력의 결과는 커다란 자신감으로 나타날 겁니다."

파란띠 과정: 자신감 (Confidence)

자신감이란 스스로 믿는 능력이다. 자신감의 근본은 '노력하니 나도 할 수 있구나! 하니까 되더라!'는 깨달음이다. "나는 할 수 있다!(I can do it!)"는 구호를 입으로만 외쳐 얻은 외적 자신감은 태권도 수련를 통한 인내와 연단의 과정을 통과하지 않은 자신감이기에 쉽게 무너지고 만다. 하지만 어려운 과정을 스스로 인내하고 도전해 체득한 자신감은 삶의 단단한 기반이 된다. 그야말로 태권도 수련을 통해 얻어내야 할 인성덕목이다.

수련생은 자신의 기술이 빠르고 완숙하게 구사되는 것을 볼 때 더욱 긍정적인 자신감을 갖는다. 이런 자신감이 더 좋은 기술을 습득하게 하고 자긍심을 자리 잡게 한다. 이런 자신감은 안정감을 주고 용기를 주기 때문에 새로운 친구를 사귀거나 새로운 환경에 적응하는 데도 큰 도움이 된다. 자신감은 조바심이나 실망, 그리고 스스로의 능력을 의심하는 것에 대한 강력한 방어기제가 되며 이런 자신감은 평소 몸으로, 행동으로 표출되어 당당한 자세로 삶에 임하는 원동력이 된다.

자신감의 응용

주춤서주먹지르기: "우리는 이 동작을 이미 수백 번도 넘게 해왔습니다. 자 이제, 모든 에너지를 모아 패기 넘치는 기합과 빠르고 절도 있는 동작으로 여러분의 자신감을 보여주세요. 여러분 스스로 자랑스러워하는 태도를 절도 있는 지르기와 힘찬 기합을 통해 보여

주세요. 여러분이 가진 육체적, 정신적 강인함이 드러날 것입니다.

송판 격파: "자신의 능력을 믿는 것이 모든 성공의 첫 걸음입니다! 열심히 수련을 했기 때문에 여러분은 준비가 되어 있습니다. 격파를 할 땐 먼저 속으로 '나는 준비가 되었다!'라고 크게 외치세요. 그리고 첫 번째 시도에 송판이 격파되지 않더라도 실망하지 말고 자신감을 가지고 다시 도전해 보세요. 포기하지만 않으면 반드시 격파할 수 있습니다!"

빨간띠 과정: 존중(Respect)

 존중은 대접받고 싶은 대로 대접하라는 황금률을 기반으로 남에 대한 깊은 관심과 배려가 있어야 가능하다. 상대를 이해하고 받아들일 줄 알아야 상대에 대한 존중이 이루어지는 법이다.

 존중은 태권도 수련의 가장 중요한 덕목 중 하나다. 수련 시간에 진지하게 한 동작 한 동작에 최선을 다해 임하는 것은 자신에 대한 존중이며 사범에 대한 존중이고 이런 수련시간을 마련해 준 부모님에 대한 존중의 표현이다. 더불어 상대와 마주보고 섰을 때 올바른 자세를 잡고 에너지 넘치는 기합을 넣어 최선의 파트너가 되어주는 것, 상대가 공격할 때 물러나 주고 내 차례에 맞춰 공격해 들어가 주는 것이 상대에 대한 존중의 표현이다. 도장에서 가르치는 존중이 "인사 똑바로 해, 'Yes, sir' 하고 대답 잘 해!" 하는 것으로 끝난다면 그것은 껍데기에 불과할 것이다. 인사할 때, 준비자세를 취할 때, 기합을 넣을 때마다 존중을 강조해 주면 수련생들은 '아~, 존중이란 이렇게 좋은 것이구나, 나와 상대 모두에게 정성을 다하고 예를 다할 때 이루어지는 것이구나.' 하는 가치관이 자리 잡아 일상생활에서도 타인을 존중하는 태도를 지닐 수 있게 되는 것이다.

존중의 응용

 "지금처럼 여러분이 사범 말에 경청하고 집중해 주는 것이야말로 사범에 대한 최상의 존중이다. 이는 선생님에게나 부모님 혹은 야구코치에게도 마찬가지다. 반짝이는 눈으로 바라보는 것, 그것이 바로 상대를 향한 존중의 표현이다.

파트너 훈련: "수련할 때 자기 파트너에게 존중을 보여줄 가장 좋은 방법이 뭘까요? 인사를 잘 하는 것? 맞습니다! 안 다치게 조심하는 것? 네, 그것도 맞습니다! 집중하는 것? 네 그렇습니다! 최상의 에너지를 가지고 최선의 노력을 기울여 상대와 마주하는 것이야말로 여러분이 파트너에게 보여줄 수 있는 최고의 존중입니다. 그것이 바로 상대와 함께하는 시간을 소중하게 여기며 상대의 수련을 돕는 길이기 때문입니다. 자, 이제 정성을 다한 인사를 통해 상대에게 존중을 보여주고 최선을 다해 수련에 임하겠다는 약속을 보여줍시다. 여러분이 성취한 바를 자랑스러워하며 여기까지 오도록 도와주신 부모님, 사범님, 친구들 모두에게 항상 감사와 존중하는 마음도 잊지 않도록 합시다."

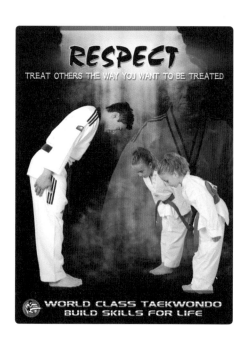

빨간띠 과정: 책임감(Responsibility)

책임감이란 자신이 할 바를 충실이 이행하는 자세다. 사범이 동작 하나 하나에 최선을 다하는 모습을 보여주고 가르치는 이로서 책임 감을 갖는 모습을 보일 때 수련생도 그 책임감 있는 모습을 보고 배 우게 된다. 수련생이 대충 하는데도 '잘 하네' 하고 성의 없는 태도 를 보인다면 책임감이란 교육은 설 자리가 없다. 사범은 최선을 다 해 시범을 보이고 수련생들은 시선을 고정해 사범의 말을 경청하 고 더 잘해보고자 다짐하고 노력하는 것이 바로 책임감이다. 빨간 띠 과정이 되면 태권도 기술에 대해 상당한 이해를 가지게 된다. 이 쯤되면 스스로 훈련하는 책임감도 가져야 한다.

책임감의 응용

품새 훈련: "자, 이제부터 그룹을 나누어 품새 연습을 하겠습니다. 사범이 각 그룹을 돌며 지도를 할 텐데 여러분 역시 각자 책임감을 가지고 시간낭비 없이 최선을 다해 진지하게 연습에 임해 주세요. 어떻게 하면 태권도 수련이 재미있을지 아는 사람 손들어 보세요! 그렇습니다. 책임감을 가지고 최선을 다 할 때 신나고 재미있어지 는 법입니다. 그럴 때 태권도도 더 잘할 수 있습니다!"

도복과 수련장비 관리: "자기 도복과 보호 장비는 항상 깨끗하고 단 정하게 관리해야 합니다. 이는 자기에게 맡겨진 일에 대해 책임을 다하는 성숙한 사람이 되기 위한 첫 걸음입니다. 이런 책임감 있는 행동은 리더로서 반드시 갖추어야 할 덕목이기도 한다."

파트너 수련: "태권도 수련을 통해 강인한 체력과 정신력을 가지게 되었다면 약한 사람을 돕고 늘 상대를 존중하는 마음으로 매사에 임해야 합니다. 이것이 책임감 있는 태권도인의 자세입니다."

검은띠 자세 함양: "검은띠가 되고 싶다면 진심을 담아 인사를 할 줄 알아야 하고 앉고 서는 자세며 시선, 기합 등 무슨 일을 하든 예를 갖추고 최선을 다하며 도전하는 정신을 가져야 합니다. 이렇게 태권도인으로서 책임감 있는 모습을 보여줄 때 비로소 검은띠가 되는 것입니다."

검은띠 과정: 리더십(Leadership)

리더십이란 남을 잘 이끄는 능력이기도 하지만 스스로 이끄는 능력이기도 하다. 월드클래스에서 추구하는 리더십의 본질은 솔선수범이다. 이런 긍정적이고 모범적인 모습이 습성화 돼야 비로소 리더로서 자격을 갖추게 되는 것이다.

리더십의 응용

검은띠 클래스: "검은띠는 기술적 우수함뿐 아니라 언제나 후배들에게 귀감이 되는 책임감 있는 리더로서의 모습도 갖추어야 합니다. 항상 타인을 존중하는 마음, 매사에 최선을 다하는 모습으로 후배들에게 솔선수범하길 바랍니다. 이런 자세를 갖춰 학교나 사회에 나가 생활을 한다면 여러분은 이미 자신이 속한 그룹에서 리더가 될 것입니다. 리더십이란 끊임없는 자기개선으로 더 나은 모습을 갖추고자 하는 노력입니다. 매순간 열정에너지가 넘치는 모습으로 흥미진진하게 최선을 다 할 때, 후배들로 하여금 '나도 저 선배처럼 훌륭한 검은띠가 되고 싶다!'는 강렬한 동기부여를 할 수 있습니다."

이처럼 수련시간마다 인성덕목을 강조해 습성화 시키도록 이끌어 줌으로써 수련생들이 사회를 살아갈 때도 좋은 영향으로 나타나도록 노력하고 있다. 이것이 월드클래스 인성교육의 틀이다.

태권도 수련의 근본목적은 건강한 신체발달과 훌륭한 인격도야에 있다. 신체적, 정신적 강인함을 쌓아 자신감을 가지고 새로운 환경에 적응하고 도전하는 당당한 인격으로 진일보하려는 노력이다. 그래서 기술교육을 넘어 인성교육이 필요하다. 항상 겸손한 자세로 서로 존중하며 돕고 감사하는 마음을 길러 인내로써 목표한 바를 이룬다면 이것이야말로 태권도 수련이 추구하는 본질일 것이다.

'태권도 수련을 통해 어떤 교육의 결과를 끌어낼 것인가?'

이것이야말로 우리가 끊임없이 반복할 질문이다.

수련생들로 하여금 최선을 다해 노력하는 습성을 길러주어 "열심히 하니까 나도 잘 할 수 있구나. 최선을 다하는 것은 즐겁고 중요한 일이구나." 하는 자기성찰의 경험을 하도록 이끌어주는 것도 중요하다.

이렇게 되면 긍정적인 자세로 최선의 노력을 기울이는 습성이 자리 잡아 앞으로 삶에 큰 도움이 될 것이 분명하기 때문이다. 태권도를 통해 열정을 다해 노력하는 마음, 어려움을 극복하는 마음, 함께 웃으며 서로를 격려해 가는 마음을 갖도록 이끌어준다면 우리를 거쳐 가는 많은 수련생의 인생에 좋은 밑거름이 될 것이다.

또, 태권도 수련을 통해 이런 인성덕목들이 갖추어지면 기상이 뛰어나고 식견이 밝은 세상에 필요한 인재가 될 것임이 분명하다. 태권도 수련을 통해 수련생에게 좋은 인성을 일깨울 때 비로소 우리 안에 인성교육이 있고 태권도가 사회적 역할의 한 모퉁이를 담당했다 말할 수 있지 않겠는가.

사범으로
산다는 것

(인생사범의 조건)

이 사범: 서둘러 진도를 나가서 심사를 많이 봐주면 수련생들도 좋아하고 돈이 되지만, 너무 잘 가르치려 하다보면 진도는 늦고 심사는 적게 보게 되고 돈이 안 됩니다.

정 관장: 당연히 열심히 잘 가르쳐서 심사를 잘, 많이 보도록 해줘야 합니다.

이 사범: 태권도 수련이라는 본질을 지키는 것이 우리에게 매우 중요한 원칙이긴 한데 이런 원칙을 지키고 따르려 하다보면 경제적 손실도 각오할 일이 생겨 주저하게 됩니다.

정 관장: 선택의 문제가 아닙니다. 노력의 문제입니다. 지켜야 할 원칙은 지켜나가려 노력해야 합니다. 원칙과 신념이 없으면 방향을 잃거나 좌절하는 경우가 생기기 마련입니다.

이 사범: 막연히 태권도 실력이 좋아야 좋은 사범이라고 생각해 기술 수련에만 몰두한 적이 있습니다.

정 관장: 태권도는 기능적인 수련을 통해 깨치는 행동철학입니다. 그럴 때 다른 사람도 잘 이끌어줄 수 있습니다.

이 사범: 스스로 만족할 만한 사범이 되셨습니까?

정 관장: 좋은 사범이 되는 길에는 시작은 있어도 끝은 없습니다. 노력만큼 좀 더 좋은 사범이 되어가고 있을 뿐입니다. 사범에게 '어떤 태권도를 가르치고자 하는가? 어디로 수련생들을 이끌고자 하는가?' 명확한 목표가 있을 때 한 사람 한 사람에게 정확히 방향을 제시해주고 격려하면서 이끌어줄 수 있습니다. 이런 역할을 충실히 해 나간다면 태권도만 가르치는 사범이 아니라 인생의 스승이 되어 줄 수도 있을 것입니다.

이 사범: 월드클래스는 부모들이 클래스에 들어와 앉아 편안하게 클래스를 참관해 듣고 볼 수 있도록 열린 구조로 되어 있습니다. 부담스럽지는 않으십니까?

정 관장: 무엇을 가르치든 우리가 당당한 자신감을 갖는 일은 중요합니다. 우리가 무엇을 어떻게 가르치는지를 알아야 가족들도 만족을 하고 나중에라도 함께 수련할 마음을 내지 않겠습니까? 이런 것들이 바로 우리가 지켜나가고 있는 원칙들입니다. 우린 임기응변이나 변칙적인 수단을 추구하지 않습니다. 태권도 수련이라는 본질로 승부를 걸고 스스로의 가치를 높여가고자 노력할 뿐입니다.

이 사범: 수련생들에게 서기, 걷기, 뛰기, 손발 지르기 등을 가르치다 보면 갓난아이를 키우는 것 같습니다.

정 관장: 사범이 옆차기를 잘하면 수련생 대부분이 옆차기를 잘하고 사범이 예의가 바르면 수련생의 행동도 그렇게 드러납니다. 수련생들에겐 사범이 보여주는 대로 따라하는 외엔 선택권이 없습니다. 수련생이 사범을 만나면서 크던 작던 그 행동양식과 삶에 영향을 받게 됩니다. 우리는 서로 특별한 인연으로 만납니다. 수련생들을 가르치는 것은 더불어 나도 배우는 일입니다. 나는 수련생들을, 수련생들은 나를 더욱 성장시키고 익어가게 서로 도와주는 것입니다.

이 사범: 미국 전역의 월드클래스 도장 사범들이 하나같이 성공한 핵심비결은 무엇입니까?

정 관장: 사범들의 뜨거운 열정입니다. 수련생들로 하여금 나를 좋아하게 만들겠다는 열정, 나를 좋은 사범으로 확신할 수 있게 만들겠다는 열정이 있었기 때문에 모두가 놀라운 결과를 이끌어 낸 것입니다. 그들은 늘 수련생들에게 기본 동작 하나를 보여주더라도 정말 흥미진진하게 흥이 나서 하는 모습만을 보여줍니다.

이 사범: 적재적소에 맞게 구체적이고 이유 있는 칭찬을 해줘야 한다는 말씀이시군요?

정 관장: 칭찬은 또 즉각적인 것이 좋습니다. 사범에게 즉각적인 칭찬을 하는 훈련이 되어 있지 않으면 칭찬하려 해도 타이밍을 놓치고 맙니다. 모처럼 수련생이 잘했는데 사범이 그 순간을 놓쳐선 안 됩니다. 칭찬의 순간을 잡아내는 준비된 사범이 되어야 합니다.

이 사범: 힘들 때 열정을 유지할 방법이 있습니까?

정 관장: 정신적으로나 육체적으로나 사범은 절대 쉬운 직업이 아닙니다. 항상 최선을 다하며 긴장의 끈을 놓지 말아야 하는 어려운 직업입니다. 좋은 사범이 되기 위해선 사범이라는 직업을 평생의 도전사업으로 전력투구하는 프로페셔널한 자세를 가져야 하며 매순간 최상의 교육을 만들어내겠다는 결심과 수련생 하나하나를 껴안아 감동시키겠다는 자세가 있어야 합니다. 사범으로서 수련의 결과에 대한 확신과 각오로 인내해야 합니다. 자신에게 주어진 일에 소홀하지 않고 수련생들에 대한 열정적인 헌신으로 몰입해야 합니다.

선택의 문제 아니라 노력의 문제

사범이 열성적으로 수업을 이끌어가며 "쟈니, 아주 잘했구나! 수잔, 아주 멋진데!" 하고 칭찬하면 아이들은 초롱초롱한 눈으로 열심히 잘 따라온다. 태권도 수련의 재미에 익숙해지도록 하는 것이다. 아이들의 집중력 역시 대단하다. 태권도 수련 자체를 즐거워한다. 태권도장에서 아이들에게 놀이가 아닌 태권도를 가르치는 것이 이상하게 보인다면 그것이 더 이상하지 않은가.

태권도 수련이라는 본질을 지키는 것이 우리에게 매우 중요한 원칙이긴 한데 이런 원칙을 지키고 따르려다 보면 경제적 손실도 각오할 일이 생겨 주저하게 된다. 그렇더라도 원칙은 지켜야 한다. 원칙과 신념이 없으면 어느 시점에 이르러 방향을 잃거나 좌절하는 경우가 생기게 마련이다. 한번은 세미나 강연을 하는데 어떤 사범이 질문했다.

"서둘러 진도를 나가 심사를 많이 봐주면 수련생도 좋아하고 수입도 되지만, 너무 잘 가르치려 하다 보면 진도는 늦고 심사는 적게 보게 되고 도장도 어렵습니다. 어느 쪽을 선택해야 합니까?"

내가 대답했다.

"당연히 열심히 잘 가르쳐 심사를 많이 보도록 해주어야 한다. 이것은 선택의 문제가 아니다. 노력의 문제다."

수익의 증대를 위해 교육의 가치, 태권도의 가치를 훼손하는 것은 있을 수 없다. 좋은 태권도의 가치는 좋은 수익과도 바로 연관되기 때문이다. 이런 결정은 비단 심사에 국한되지 않는다. 각종 이벤트 때도 마찬가지다. 우리가 가르치고자 하는 태권도의 가치, 우리가 추구하는 교육의 효과, 우리의 정체성에 대한 확고한 원칙과 자부심을 가지고 평가해야 한다.

어떤 도장은 클래스와 부모들 사이에 벽을 설치해 무엇을 가르치는지 보여주지 않기도 한다. 수업의 집중도를 높이기 위해서라거나 부모들이 보면 '내 아이는 왜 더 안 봐주나, 저런 것 밖에 안 가르치나.' 불평한다는 등 이유가 다양하다. 그런데 월드클래스에서는 부모들이 클래스에 들어와 앉아 편안하게 클래스를 참관해 듣고 볼 수 있도록 개방되어 있다.

무엇을 가르치든 자신감을 갖는 것이 중요하다. 우리가 무엇을 어떻게 가르치는지를 알아야 가족들도 만족하고 나중에라도 함께 수련할 마음을 내지 않겠는가. 이런 것들이 바로 우리의 원칙이다. 우리는 임기응변이나 변칙을 추구하지 않는다. 태권도 수련이라는 본질로 승부를 걸고 스스로 가치를 높여가고자 노력할 뿐이다. 수련생과 가족들이 감동을 느낄 수 있도록 태권도의 수련 가치를 제대로 다듬어가자는 주의다. 내 말이 너무 원론적이 아닌가 생각할 수도 있겠지만 어떤 원칙과 생각을 가지고 어떤 방향으로 달려가느냐에 따라 성장의 크기가 결정되기 때문이다.

내가 가르친 태권도 때문에 사람들이 기뻐할 때 보람도 있고 살

맛도 난다. 근본적으로 태권도를 가르치는 일은 수련생과 그 가족을 기쁘게 만들어주는 행위다. 수련생을 기쁘게 하는 도장이 성공한다는 것은 세월이 지나도 변하지 않는 원칙이다. 수익도 마찬가지다. 사람들에게 필요한 태권도 수련의 큰 가치를 만들어내면 큰 수익을, 작은 가치를 만들어내면 작은 수익을 얻을 것이다. 태권도 교육을 가치 있게 만들고 더 좋은 수련환경과 더 좋은 서비스를 제공해 더 큰 기쁨을 제공할 때 도장은 성장의 길로 갈 것이 분명하다.

인공지능과 첨단기술의 발달로 많은 직업이 사라질 것이란 우려가 나오지만, 난 도리어 태권도가 장기적으로 전망이 더욱 좋아질 것으로 확신한다. 태권도 수련이 삶의 가치를 높여 주고 삶에 기쁨을 주는 일이기에 밀레니얼 세대에 더 각광받는 사업이 될 것이다.

좋은 도장에 좋은 사범이 있다

좋은 도장의 중심축은 바로 사범이다. 좋은 도장에는 좋은 사범이 있다. 태권도 도장에서 사범은 어느 누구보다도 수련생과 가족에게 가장 큰 영향을 끼친다. 도장이 성공하고 실패하는 차이는 도장에 자질을 갖춘 좋은 사범이 있느냐 없느냐의 차이라고도 할 수 있다.

'태권도가 그리고 태권도장이 개인, 가정, 사회에 얼마나 필요한 존재인가?'

근본적인 질문에 답을 찾아 나서는 사범이라면 미래지향적인 사범이고 좋은 사범이다.

사범의 길에 시작은 있어도 끝은 없다

태권도 실력은 사범이 갖출 덕목 중 하나에 지나지 않다. 태권도는 기능적인 수련을 통해 깨우침을 끌어내는 행동철학이다. 수련을 통해 자아발견을 경험해야 한다. 그럴 때 다른 사람도 잘 이끌어줄 수 있다. 20대 중반 선수생활을 접고 처음 사범의 길로 들어서면서 깨달은 것이 있다.

'가르치는 일이란 대단히 어려운 일이구나! 항상 최선을 다하지 않으면 안 되겠구나!'

그래서 결심했다.

'클래스마다 선수가 경기에 임하는 비장한 마음으로 최선의 결과를 만들어내고자 도전하리라! 내게서 이런 감흥이 떠나간다면 더는 도복을 입고 수련생 앞에 서지 않으리라!'

지금 생각해봐도 제법 결기(結氣)가 있었구나 싶다. 젊은 나이에 갖게 된 결연한 자세가 더 나은 사범으로 성장하는 밑거름이 되었다. 그런 초발심을 내고 긴장감을 가지고 사범생활을 시작한 1970년대 중반 우연히 세종문화회관에서 〈왕자호동〉이라는 무용극을 관람할 기회가 생겼다. 고인이 되신 1970년대부터 한국의 대표 남자 무용수였던 정재만 씨가 호동왕자 역을 맡았는데 호동왕자가 무술을 선보이는 장면에서 그만 넋을 잃고 말았다.

부드러운 움직임 속에 긴장감이 묻어나오는 발놀림과 손놀림을 보면서 한국무용에 흠뻑 빠져들었다. 손끝에 감도는 긴장감, 그러면서도 탄력과 강렬함의 날이 서 있었다. 공연 내내 넋을 잃고 바라보며 강렬하고 화려하면서도 절제된 동작들을 태권도 안에서도 구현하고 싶은 열망이 불같이 솟아올랐다.

그때는 좋은 사범이고 싶은 열정으로 여러 면에서 부족함을 느끼던 시절이었기에 복싱에서도, 검도에서도 공방의 논리를 배우고자 했고 축구선수의 발놀림조차 예사로 보지 않을 때였다. 그때 결심했던 좋은 사범이 되기 위한 노력이 오늘의 나와 월드클래스를 만들어냈다.

좋은 사범이 되는 길에 시작은 있어도 끝은 없다. 단지 우리의 노력만큼 좀 더 좋은 사범이 되어가고 있을 뿐이다.

'어떤 태권도를 가르치고자 하는가?'

'어디로 수련생을 이끌고자 하는가?'

사범에게 명확한 목표가 있을 때 한 사람 한 사람에게 정확히 방향을 제시해주고 격려하면서 이끌 수 있다. 이런 역할을 충실히 해나가면 태권도만 가르치는 사범이 아니라 인생의 스승이 될 수도 있다.

가르치는 것은 배우는 것이다

수련생을 처음 맞아 바르게 서기, 걷기, 뛰기, 손발지르기 등을 가르치는 것은 마치 갓난아이를 키우는 것과 비슷하다. 갓난아기가 부모의 표정을 보고 따라하는 것처럼 태권도를 처음 배우는 수련생 역시 사범의 태권도 동작은 물론 사범의 일거수일투족을 자연스럽게 따라한다. 사범이 옆차기를 잘하면 수련생 대부분이 옆차기를 잘하고, 사범이 정갈하고 예의가 바르면 수련생의 행동에서도 드러난다. 수련생에겐 사범이 보여주는 대로 따라하는 외엔 아무런 선택권이 없다.

수련생이 사범을 만나면서 크든 작든 행동양식과 삶에 영향을 받는다. 우리는 서로 특별한 인연으로 만난다. 수련생을 가르치는 것은 더불어 나도 배우는 것이다. 나는 수련생을, 수련생은 나를 더욱 성장시키고 익어가게 서로 도와준다.

많은 사람을 가르치다 보면 수련생들의 특성에 따라 각기 다른 방식의 접근이 필요하다는 것을 배우게 된다. 사범의 적극적인 에너지가 자신감이 부족하거나 소심한 수련생에게는 오히려 불편하게 느껴져 수련생을 위축되게 만드는 경우도 있다. 또한 사범의 침

착하고 조심스러운 접근이 수련생에게는 자신에 대한 관심 부족으로 받아들여지기도 한다.

특별한 소질이 보이지 않아서 별로 눈에 띄지 않는 수련생이었는데 꾸준하게 노력하는 가운데 숨어 있던 재능이 빛을 발하면서 활짝 피어나는 것을 볼 때마다 수련생에게 내재된 가능성과 잠재력에 대해 함부로 속단하지 말아야겠다고 다짐하곤 한다.

작은 성공에 기뻐하며 감사할 줄 아는 수련생, 승급심사에 참여하지 못하는 서운함을 감추고 더 열심히 하겠노라고 미소 짓는 수련생, 장애로 인해 태권도를 수련하는 데 많은 어려움이 있음에도 포기하지 않고 도전하는 수련생과 곁에서 격려하고 지원하는 가족 등, 매일 수없이 많은 사람으로부터 동기부여를 받는다.

아무런 놀이 없이 진행되는
어린이 수련시간과 이를 지켜보며
흡족해 하는 학부모들

열정의 기쁨

좋은 사범이 갖출 가장 중요한 덕목은 열정이다! 수련생에 대한 관심과 사랑이 열정으로 나타나야 한다. 태권도의 수련 가치에 대한 확신, 좋은 사범이 되고 싶은 열정이 있어야 한다. 그러면 더 좋은 사범이 되기 위해 필요한 것을 찾아 나서게 된다. 연구하고 배우면서 좋은 사범이 되어 간다.

가르치는 일이 참으로 힘든 일이다. 사범생활을 시작하면서 결심했다.

'좋은 사범이 되겠다! 수련생들 앞에 설 때는 언제나 경기에 임하는 선수의 비장한 마음을 가지고 그들의 마음을 이기는 자세로, 그들의 열정을 끌어내는 도전적인 근기를 가지겠다!'

그것이 습성이 되어버렸다. 돌이켜보면 젊은 시절 그런 발심이 사범으로서의 내 인생에 커다란 영향을 끼쳤다.

예나 지금이나 다른 것은 몰라도 사범들이 대충대충 수업하는 모습을 보이면 내게 혼이 난다. 사범도 사람인지라 피곤할 수도, 몸이 불편할 수도 있다. 그러나 어떤 이유로든 사범이 수련생들 앞에 열정적인 모습으로 설 수 없으면 다른 사람을 대신 들여보내는 것이

낫다. 절대 수련생들 앞에서 지치고 힘든 모습을 보여선 안 된다. 이것은 사범의 자존심이기도 하다.

'이 정도면 잘하는 거지, 나도 사람인데, 마지막 클래스라 피곤한데.'

이런 자세로는 안 된다. 내가 오늘 이미 여러 번의 클래스를 가르쳤더라도 수련생 입장에서는 오늘 처음 사범과 마주하는 것이다.

쉴 틈이 없어 휴식이 필요하면 나를 대신할 사람을 만들어내야 한다.

"첫 10분 워밍업은 네가 이렇게 해봐라."

보조에게 워밍업하는 방법을 가르쳐주면 10분은 쉴 수 있다.

"기본 동작은 이렇게 가르치고 품새는 이렇게 가르쳐 봐라."

이렇게 일을 쪼개 합력할 필요가 있다. 그러다 보면 그 사람들이 나를 대신해주는 스태프가 된다.

미국 전역의 월드클래스 도장 사범들이 하나같이 성공한 핵심비결은 사범들의 뜨거운 열정이다. 수련생들로 하여금 나를 좋아하게 만들겠다는 열정, 나를 좋은 사범으로 확신하게 만들겠다는 열정, 수업마다 좋은 클래스였다는 만족감을 가질 수 있도록 하겠다는 열정이 있었기 때문에 모두 놀라운 결과를 끌어낸 것이다.

그들은 수련생들에게 기본동작 하나를 보여주더라도 흥미진진하게 흥이 나서 하는 모습만 보여준다. 그럴 때 수련생들은 '우리 사범은 정말 태권도를 즐기는구나. 태권도 수련이란 즐겁고 재미있는 것이구나!' 할 것이다. 그러고 나면 앞차기 하나를 하더라도 사범처럼 흥겹게 잘 하려고 노력하게 된다. 이것이 바로 버팔로 월드클래스에서 배워나간 열정이다.

열정의 동화

열정은 태권도와 수련생에 대한 관심과 애정, 그리고 존중의 표현이며 그 결과다. 열정을 가지고 더 좋은 클래스를 만들어내고자 노력하는 사범이라면 발전과 성공은 당연한 결과일 뿐이다.

수련생들의 입장에서 본 사범의 모습은 오직 최고의 열정을 가지고 최선을 다해 가르치는 사람이어야 한다. 다른 모습이란 있을 수 없다. 그런 자세를 가진 사람은 스스로에게 동기부여를 할 것이고 여러 각도로 더 나은 사범이 되고자 방법을 찾을 것이다.

정신적으로나 육체적으로나 태권도 사범이란 절대 쉬운 직업이 아니다. 항상 최선을 다하며 긴장의 끈을 놓지 않아야 하는 어려운 직업이다. 좋은 사범이 되기 위해선 사범이라는 직업을 평생의 도전 사업으로 전력투구하는 프로페셔널한 자세를 가져야 하며 매순간 최상의 교육을 만들어내겠다는 결심과 수련생 한 명 한 명을 껴안아 감동시키겠다는 자세가 있어야 한다.

사범은 수련의 결과에 대한 확신과 각오로 인내해야 한다. 주어진 일에 소홀하지 않고 수련생에 대한 열정적인 헌신으로 몰입해야 한다. 어떤 도장에 가보니 사범이 의자에 삐딱하게 걸터앉아 막대기

하나 들고 톡톡 책상을 두드리며 입으로만 가르치는 것도 보았다.

"자, 다 왔지? 줄 서. 준비. 앞차기, 하나! 둘!"

이래서 수련생에게 감동을 줄 수 있겠는가? 어느 날 수업에 수련생이 한 사람만 오면 '아~ 오늘 하나만 왔네. 이 한 사람 때문에 수업을 해야 하는 거야?' 하고, 수련생이 많이 나오면 '오늘은 왜 이렇게 많이 온 거야? 정신이 하나도 없네.' 해서는 안 된다.

한 명이 수업에 오면 "좋았어! 넌 오늘 아주 복 터진 거야! 우리 둘이 신나는 클래스를 한 번 해보자!" 하고, 수련생은 '와~ 오늘 혼자 수업 나와서 완전히 수지맞았다!' 하는 생각이 들도록 디테일한 지도를 해 주어야 한다.

수련생이 많이 오는 날이면 "와! 오늘은 정말 많이 참석했네요! 덕분에 힘차고 박진감 넘치는 수업을 할 수 있겠습니다! 다들 재밌고 신나는 수업을 할 준비가 됐습니까?" 하며 열정적으로 맞아줘야 한다. 그러면 수련생들도 '오늘 클래스는 힘차고 재밌겠구나!' 하는 기대를 하고 좋아할 것이다.

요즘은 예전처럼 도복을 입고 수련생들 앞에 서는 일이 많진 않지만, 스페셜 클래스는 여전히 내 몫이다. 아직도 도복을 입고 수련생들 앞에 서고자 준비하다 보면 새로운 긴장감으로 설렌다. 그런 내 모습에서 '아직도 이런 열정을 가지고 있구나.' 싶어 기분이 좋아지곤 한다. 이런 열정은 강한 전염성을 갖는다. 사범이 열정을 가지고 최선을 다해 가르친다면 수련생도 그 열정에너지에 동화되어 정말 흥미진진하게 수련에 임할 수 있게 된다. 이처럼 설레는 충만한 마음으로 클래스에 들어서야 한다.

태권도는 무엇보다 하고 싶은 일이다. 그 안에 도전의 기쁨이 있다. 배움이 있고 성취의 만족이 있다. 태권도 덕분에 나의 삶은 흥미진진하다.

동기유발의 실탄

수련생들이 최선을 다할 때 얻는 즐거움을 느낄 때까지 이끌어주는 것이 바로 월드클래스의 교육목표다. 문제는 방법이다. 수련 동작이 반복되다 보면 쉽게 질려 흥미를 잃는 수련생들이 있다. 그들을 어떻게 이끌어야 할까?

반복 훈련을 재미있게 할 수 있도록 이끌어야 한다. 태권도를 부분부분 쪼개서 설명하고 가르치는 해부적 안목과 세부적 논리가 있어야 한다. 동작을 쪼개어 가르칠수록 동기부여가 많아진다.

태권도 동작마다 디테일한 논리(Logic)가 많이 들어 있어야 한다. 띠별로 수준에 맞게 디테일하고 논리적인 수련법을 만들어 가르치고 그 결과가 어떻게 연결되는지 보아야 한다.

동작 하나하나마다 만져줘야 할 디테일이 무수히 들어 있는데 대충 건너뛰고 넘어가버리면 적절한 동기부여를 해줄 수가 없다. 유능한 사범이라면 '주춤서몸통지르기' 한 동작으로도 오랜 시간 가르칠 수 있다. 단단히 주먹 쥐는 법, 아랫배와 허리를 움직여 몸의 근육에 힘을 축적했다 발산하는 법, 작용반작용의 원리를 이용해 주먹을 당기고 지르는 법, 주먹을 비틀어 지르는 법 등 기본적인 운동역학 원리을 사용해 테크닉의 깊이를 끌어낼 수 있어야 한다.

각 동작의 디테일한 논리는 '동기부여의 실탄'이다. 탄창 가득 실탄이 채워져 있어야 기관총 쏘듯 '드르륵' 논리적인 설명을 마구 쏜아낼 수 있다. 그래야 신나고 흥미진진한 수업이 된다.

'앞굽이아래막기'를 예로 들어보자. "앞다리 굽히고 뒷다리 펴!" 앞굽이 서기에 대한 논리가 그것뿐이니 앞다리 굽히고 뒷다리 펴면 더는 가르칠 것도 배울 것도 없다. 다 배웠다고 생각하는데 만날 똑같은 동작의 반복이다. 그러면 태권도가 지루해지기 시작한다.

발의 위치는 어디다 두어야 하며, 장단지와 아랫배에 전해지는 느낌은 어떠해야 하고, 이때 느껴지는 안정감은 어떻고, 허리는 어떻게 움직이고, 발뒤꿈치부터 시작된 에너지의 흐름은 어떻게 흘러 상체로 집중되고, 마음가짐은 어떠해야 하는지 아래막기 한 동작만 가지고도 여러 가지 논리로 흥미진진하게 설명할 수 있어야 한다.

품새도 마찬가지다. 지르기, 막기 등의 동작은 팔로만 하는 것이 아니라 온몸으로 하는 것이다. 준비 자세에서 예비동작을 거쳐 끝내기 동작까지를 단계적으로 나누어 보여주고 정확한 방어나 공격 지점, 손발의 정확한 사용 부위까지 세부적으로 보여주고 알려줘야 한다.

동작 하나하나를 조각조각 쪼개 논리적으로 세밀하게 그 안에 담긴 감흥까지 가르칠 때 수련생들은 그 차이를 인식하게 된다.

'다리를 좀 더 구부리는 것, 몸을 좀 더 펴는 것, 끊어 막는 것이 중요하구나.'

이렇게 인식하고 디테일까지 배워가게 되는 것이다. 이런 세부적인 가르침이 없으니까 〈태극1장〉을 하루 만에 외웠다며 줄넘기나

하는 일이 벌어지는 것이다. 발차기를 지도할 때도 마찬가지다. 옆차기를 가르치면서 그냥 휙 보여주고 "오케이, 이렇게 차면 돼." 하면 수련생들은 이해가 가지 않아 잘 따라오질 못한다. 전체를 보여주고 다시 단계적으로 구분동작으로 쪼개 논리와 순서에 맞게 가르칠 때 효과적인 교육이 이루어진다.

좋은 사범이 되고 싶은 열정은 세월이 지나도 변하지 않는 현재진행형이다.

디테일한 논리로 쪼개기

　동작을 쪼개 세부적인 논리를 가지고 가르치다 보면 어린 아이들도 '아~ 다리를 쭉 펴서 차는 것이 잘하는 것이구나. 기합을 크게 넣는 것이 좋은 것이구나. 내가 이렇게 하니 사범께서 칭찬해 주시는구나.' 하게 된다. 디테일한 논리가 있어야 어떤 동작이든 그 감흥을 수련생과 공유할 수 있다.

　수련생이 잘하지 못하는 것은 대부분 사범이 잘 가르쳐주지 않아서다. 초보자에게 대충 보여주고 잘 따라하기를 기대하기란 어렵다. 몰라서 못하는 것을 잘할 수 있도록 이끌어주는 것이 사범의 일이다. 배우는 사람에게 지속적으로 용기를 북돋아주고 조금씩 잠재력을 끌어내 우뚝 서게 만들어야지, 대충 동작을 보여주고 따라하라는 것은 교육이 아니다. 사범의 일이란 긴장과 도전의 연속이다.

　논리적 디테일이 풍부할수록 수련생들에게 유효적절하게 동기부여를 할 수 있다. 난 골프를 친 지 오래됐고 잘 치는 편이다. 싱글 핸디캡이다. 서른여섯 살 아들과 골프를 치면 아직도 내가 이길 때가 많다. 하루는 아들이 자기 스윙을 보고 무엇이 문제인지 조언을 부탁했다.

점수는 내가 좋은 편이지만 젊은 아들의 스윙 폼이 나보다 월등히 나아 뭐가 문제인지 알 수 없었다. 그래서 기껏 해준다는 말이 "힘이 들어가서 그래, 마음을 비워!"였다. 나를 쳐다보는 아들의 눈빛이 탐탁지 않았다. 평생 선생으로 산 사람의 조언이 그것밖에 안 되느냐는 듯.

나로서는 보는 눈이 부족해 하는 수 없이 스윙 레슨을 받도록 클럽 프로와 자리를 주선하고 곁에서 지켜보았는데, 스윙 하나를 두 시간 넘게 땀을 뻘뻘 흘리며 따라 배웠다. 아들도 골프를 잘 치긴 하지만 프로의 눈에는 아들에게 필요한 것이 무엇인지가 한눈에 보였고 스윙 하나를 세밀하게 쪼개서 설명하고 가르친 것이다.

배우는 사람 역시 깊은 감흥을 느끼며 흥미진진하게 따라 배웠다. 무엇을 어떻게 해야 하는지 구체적으로 지적하고 격려하는 모습을 보면서 내가 늘 사범들에게 말하던 디테일한 로직을 골프레슨에서도 활용하고 있구나 싶어 무릎을 탁 쳤다. 동작 하나를 디테일하게 쪼갤수록 수련생에게 동기부여가 많아지고 태권도 수련에 더 강한 자극을 주는 좋은 사범이 된다.

뒤차기를 예로 들어보면 "빨리 차!, 세게 차!" 이런 정도로만 지도한다면 수련생과 뒤차기에 대한 감흥을 공유하거나 동기부여 할 기회를 가지지 못한다. 그런데 사범이 "자, 이번엔 이렇게 한번 차 볼까? 앞발을 조금 더 틀어 봐, 허리를 틀고 엉덩이를 더 깊숙이 넣어 차 봐, 어때? 뭔가 다르지?" "어? 정말 그렇네요!" 이럴 때 오가는 교감은 정말 파워풀한 것이다. '역시 사범은 뭘 아시는 구나! 내가 느끼는 모든 감흥을 공감해 주시는구나!' 하는 신뢰가 생겨난다.

스피드를 만들어내는 방법, 파워를 만들어내는 방법, 목표에 정확히 타격하는 방법, 더 깊게 차 넣는 방법, 상대가 다가올 땐 어떻게 차고 멀어질 땐 어떻게 차야 하는지 논리가 정연하다면 뒤차기 하나 만으로도 얼마든지 흥미진진한 수업을 끌어낼 수 있고 태권도가 배울수록 깊이가 있구나 하는 생각이 들게 된다.

그런데 어느 순간 '태권도엔 더 이상 배울 것이 없구나. 내가 이미 다 아는 것들의 반복일 뿐이구나.' 싶으면 수련생은 떠나고 만다. 그러면 태권도의 생명력도 짧아지게 된다. 그러니 무엇을 가르치느냐보다 어떻게 가르치느냐가 더 중요하다. 주먹지르기 한 동작에도 여러 가지 다른 설명방식을 가지고 어떻게 해야 주먹을 더 세게, 빠르게, 정확하게 지를 수 있는지 수련생들의 수준에 맞게 설명해 줄 수 있어야 한다. 동작마다 이런 논리의 총알들을 얼마나 가지고 있는가에 따라 수련생들의 흥미를 얼마나 길게 끌고 갈 수 있느냐가 결정된다.

이런 생각으로 공부하고 연구하다 보면 '이 동작을 이렇게도 설명할 수 있겠구나!' 하며 깜짝 놀랄 정도로 많은 논리를 찾아 낼 수 있을 것이다. 그렇게 자신의 부족한 점을 돌아보면서 더 잘 가르치는 사범이 되기 위해 정진하게 된다.

소통과 공감의 스파크

열정을 다해 이끌어가려 해도 수련생 중엔 배우려는 열의가 없고 잘 따라오지 않는 이들이 있다. 이들을 끌고 가기가 너무 힘들고 어려워 차라리 도장에 안 나왔으면 하는 생각이 들 때도 있다.

요즘은 운동능력 부족이나 주의집중력 결핍 등 신체적, 정신적으로 도움이 필요한 사람들이 도장을 찾는 추세다. 이들은 이미 학교나 놀이터에서 따돌림을 경험한 이들이다.

이들이야말로 태권도가 필요한 사람들이다. 이들에게 깊은 관심을 가지고 왜 이런 행동을 하는지 이해할 때 적절한 대응방법도 떠오르게 된다. 사범이 긍정의 언어를 통해 자신감을 심어주고 노력하는 습관을 심어줄 수 있다면 그들의 인생에 얼마나 소중한 선물이 되겠는가. 우리는 그들에게 돈으로 사지 못할 귀한 선물을 줄 특권이 있다. 이런 선물을 시의적절하게 나누어주는 사범이 될 때 도장은 수련생에게 소중한 공간이 된다.

그럼에도 재능도 없고 의욕도 없어 수련에 노력하지 않는데다 감정의 기복도 심해 다루기 어려운 수련생도 있다. 사범이라면 먼저 수련생을 정말 좋아해야 한다. 수련생의 마음을 움켜쥘 각오가 되어 있어야 한다.

'내가 자기를 좋아하고 있다는 것을 알고 있으려나?'

자꾸 표현하고 확인받아야 한다. 수련생으로 하여금 '아, 사범이 정말 나를 좋아하고 있구나.' 하는 것을 알 수 있게 해줘야 한다.

어려움을 겪는 수련생에게 다가가 이해하고 배려할 때 수련생의 마음에는 강한 신뢰와 존중이 생겨난다. 수련생을 이해하고 공감하는 능력은 사범에게 꼭 필요한 조건이다.

수련생 하나가 오늘 따라 수업에 집중하지 못하고 지루해하거나 꾀를 부린다면 야단만 치고 말 것인가. 수련생에게 무슨 일이 벌어지고 있는지는 모른 채 "수잔, 오늘 너 왜 그래? 네 태도에 실망했다." 하면 사범과 공감을 형성하는 데 어려움이 생긴다.

'혹시 집에서 무슨 일이 있나? 학교에서 기분 좋지 않은 일이 있었을지도 모르겠군.'

마음을 고쳐먹고 관심을 가지고 수련생을 보면 이해하고 배려하고 격려할 수 있다. 이것이 서로 신뢰가 깊어지는 동기가 되기도 한다. 사범과 수련생 간에 신뢰와 존중이 있을 때 비로소 교육의 효율성도 높아지는 것이다. 비록 내게 많은 지식이 있고 교육에 대한 열정이 있더라도 수련생과 공감하고 소통하는 능력이 없다면 교육의 결과는 기대에 미치지 못하게 될 것이 분명하다.

공감과 소통 능력이란 첫째로 수련생에 대한 이해를 바탕으로 한다. 내가 마주하고 있는 수련생의 연령, 성향, 재능, 성격, 자신감, 노력 정도 등을 고려해 지금 그에게 필요한 도전과제는 무엇이며 소화할 수 있는 것은 무엇인가 등을 적절하게 파악해 제시해야 한다. 이런 이해가 있어야 동기부여를 제대로 해줄 수 있다.

두 번째는 내가 가르치고 싶은 것을 정확하게 전달하는 능력이다. 비록 영어가 부족하더라도 가르치고자 하는 것에 대한 확실한 이해를 가지고 있다면 얼마든지 잘 가르칠 수 있다. 영어를 잘한다 해도 내 생각들이 논리적으로 잘 정리되지 않으면 전달 능력은 낮다고 볼 수밖에 없다.

표현 방법도 중요하다. 목소리는 되도록 밝고 표정이나 몸짓은 크고 드라마틱할 때 효과적이며 그밖에도 눈빛, 미소를 통한 미세한 감정적 교감이 소통에 큰 작용을 한다. 우리의 열정과 지식이 잘 전달되도록 좋은 공감과 소통 능력을 개발하는 일은 좋은 사범의 중요한 조건 중 하나다.

일반적으로 수련생들은 사범에 대한 관심과 높은 에너지, 뜨거운 열정, 긍정적인 모습을 존경하고 따르기 때문에 사범의 실력이 좋은지 아닌지는 둘째 문제다. 수련생들과 잘 소통하면서 서로 좋은 기운을 주고받으며 호흡을 잘 맞추는 것이 태권도 기술보다 중요하다.

수련생에게는 사범의 실력보다 나와의 관계가 중요하다.

'사범이 나에게 어떤 관심을 가지고 있나? 사범은 나와 어떤 감흥을 나누고 있나?'

"쟈니, 정말 멋진 옆차기구나. 네 옆차기가 정말 좋아졌어!"

모자라는 면이 있더라도 조금이라도 잘하는 것을 보는 순간 이렇게 격려하면 그 사이에서 스파크가 일고 신뢰의 깊이가 더해진다. 그럴 때 사범은 수련생에게 특별한 사람이 된다.

칭찬의 디테일과 타이밍을 놓치지 마라

가정과 학교생활에 문제가 많아 부모 손에 이끌려 도장을 찾아오는 수련생도 많다. 이들은 어떻게 다루어야 좋은 교육의 효과를 기대할 수 있을까? 문제가 많은 수련생은 도장에 오기 전에 이미 자신에 대한 숱한 부정적인 평가에 익숙해져 있다. 대부분 행동만 와일드하지 사실 남들에게 인정받아 본 적이 별로 없어 자존감은 도리어 낮다. 그런 사람을 설득하고 이끌 때 가장 좋은 방법은 자존감을 높여주는 것이다.

"이거 하지 마. 저거 하지 마."

이런 말을 듣는 데만 익숙했는데 도장에 오니 사범이 나를 좋게 평가해주고 자꾸 칭찬으로 격려해준다.

"그래, 아주 잘했어! 바로 그렇게 하는 거야! 그것 봐, 그렇게 하니까 되잖아!"

자신도 열심히 하면 인정받을 수 있다는 것을 깨닫게 된다. 그렇게 계속 사범에게 긍정적인 평가와 칭찬을 받다 보면 계속 인정받고 싶고 자신의 부족한 모습은 감추고 싶어진다. 사범이 해주는 긍정과 칭찬의 언어가 그들을 점점 바꾸어 정말 칭찬받을 모습으로 "

쟈니, 정말 멋진 옆차기구나. 네 옆차기가 정말 좋아졌구나!" 만들어 주는 것이다. 칭찬의 효과는 지대하다. 사범이라면 칭찬이라는 지렛 대를 활용할 줄 알아야 한다. 칭찬할 줄 아는 사범이 좋은 사범이다.

칭찬에도 기술이 필요하다. 앞차기를 시켜놓고 "오케이. 잘하네, 열심히 해." 하는 기계적인 칭찬만 반복하면 수련생도 그냥 하는 말 이려니 생각한다. 왜 칭찬을 받는지 알 수 없기 때문이다. 칭찬할 땐 이유가 구체적이고 명확해야 한다. 동작을 쪼개어 가르치고 설명하 는 논리, 즉 '동기유발의 실탄'이 필요하다.

동작 하나를 뭉뚱그려 가르쳐놓고 수련생이 잘할 때를 기다려 칭 찬하려면 기회도 너무 적고 수련에 대한 적절한 동기부여도 할 수 없다. 앞차기 하나도 빠짐없이 세심하게 보고 있다가 "쟈니! 그렇게 다리를 접어서 빠르게 끊어 차니 정말 멋지구나! 훨씬 힘이 느껴지 는구나!" 하며 조금이라도 잘하는 부분을 끄집어내 구체적으로 칭 찬해 길러주고, 잘못하는 것은 줄여나가도록 다듬어야 한다.

"와~ 쟈니, 네 앞굽이가 제대로 굽혀졌구나! 지금 느낌은 어떠니? 훨씬 안정감이 있지?"

"수잔, 돌려차기 할 때 전보다 허리가 더 깊이 돌아가는구나. 그렇 게 차니 훨씬 힘이 느껴지지?"

구체적으로 어느 부분을 잘하고, 왜 칭찬받는지 알려주어야 한 다. 단순히 "뒤차기 잘했어."보다는 "쟈니, 지금처럼 지탱해주는 발 을 더 틀고 허리를 넣어 차니까 더 힘이 들어가지? 아주 좋은 뒤차 기였다!" 하고 구체적으로 칭찬할 때 자신이 무엇을 잘했는가를 알 게 되고 더 잘 해야겠다는 동기를 부여할 수 있다.

칭찬은 즉각적인 것이 좋다. 사범에게 즉각적이고 구체적인 칭찬을 하는 훈련이 되어 있지 않으면 봐도 보이질 않거나 칭찬을 하려 해도 타이밍을 놓치고 만다.

모처럼 수련생이 뒤차기를 잘 찼는데 사범이 그 순간을 놓쳐 칭찬의 기회로 활용하지 못하고 넘어가면 좋은 교육의 기회를 놓친 것이다. 칭찬의 순간을 잡아낼 줄 아는 준비된 사범이 되어야 한다. 동작을 하는 순간 바로 "와~! 바로 그거야! 그렇게 다리를 쭉 펴서 차야 하는 거야!" 하며 칭찬해야 '사범은 나를 항상 보고 계시는구나. 나와 교감하고 계시는구나!' 하는 신뢰가 형성된다.

평소보다 조금 더 잘 했을 때 사범이 놓치지 않고 딱 잡아내 칭찬하면 아무리 어린 수련생이라도 감격하게 마련이다.

'조금 더 잘하는 것이 중요한 것이구나!'

교감의 파워는 대단한 것이다. 칭찬거리를 많이 만들어내려면 애정과 관심으로 들여다보아야 한다. 집중력도 떨어지고 재능도 없는 수련생이 있다고 하자. 10점을 맞다가 20점을 맞으면 그로서는 노력한 것이고 대단한 향상을 한 것이니 즉각 칭찬해야 한다. 그러면 20점에서 30점으로 올라갈 동기부여가 되고 발판이 된다. 계속 칭찬을 들어가며 성장하다 보면 마침내 100점짜리 수련생이 될 수 있다. 칭찬거리는 보물찾기처럼 많이 찾아낼수록 좋다.

칭찬 잘하는 사범이 되겠다는 생각을 가지면 칭찬의 기술은 발전하게 마련이다. 수업시간에 한 사람, 한 사람을 칭찬함으로써 사범이 나에 대한 관심이 있다는 것을 느끼게 만들어 준다. 수련생이 너무 많아 일일이 칭찬하기 어렵다면 "오늘 파란띠그룹 정말 잘하네요! 와~! 빨간띠그룹 좀 보세요. 기합이 정말 멋지지 않나요?" 하고 칭찬하면 각 그룹에 속한 모두 빠짐없이 칭찬받게 되어 다 함께 잘하게 만드는 동기부여를 할 수 있다. 수련생의 기술이 나아지기를 원한다면 반복운동을 열심히 하도록 동기부여를 해야 한다.

"아주 잘했습니다, 지금 한 것처럼 한 번 더! 오케이, 한 번 더! 마지막으로 힘차게 한 번만 더!"

이렇게 칭찬으로 집중력과 흥미를 유지시킬 수도 있다.

사범과 수련생과의 깊은 유대 관계는
소통과 신뢰에 기반한다.

교육의 틀은 배려다

잘 따라오지 못하면서 배우려는 열의도 없어 실력이 엉망인 수련생들을 교정하다 보면 본의 아니게 볼멘소리가 나온다. 도대체 배울 생각이 있기는 한 건지 화가 나기도 한다. 동작이나 자세를 교정하는 것은 태권도 수련의 커다란 부분이다. 어떤 수준에 있든지 고쳐야 할 것이 있게 마련이지만 시간의 제약, 개인의 능력 차이로 무엇을 어떻게 얼마나 교정해야 하는가 가늠하는 것은 쉽지 않다.

초보자나 잘 따라오지 못하는 수련생은 교정해 줄 게 너무 많다. 그 수준에서 가장 필요한 것을 우선 고쳐주어 조금씩 수월하게 따라오게 해야 한다. 너무 많은 것을 한번에 뜯어고치려 들면 도리어 혼란만 가중되고 자신감을 잃어버릴 수 있다.

교정은 동기유발하는 교정이어야 한다. 교정할 때는 부정적인 언어보다 긍정적인 언어를 사용해야 한다. 지시를 잘 따라오지 못하는 수련생에게 사범이 언짢은 목소리로 "No! 그렇게 하면 안 돼! 아니 이렇게 보여줘도 못 해? 몇 번을 말했어? 대체 뭘 들은 거야?" 보다는 "옳지, 잘했구나. 그럼 이번엔 이렇게 해보는 게 어떨까?" 가 낫다.

핵심적인 단어를 가려 요점을 짚어줘야 한다. 너무 깊이 있는 가르침을 주려고 장황하게 설명해도 안 되고 적당한 때를 가려 그 수준에 맞는 것을 필요한 만큼 간단명료하게 짚어주어 혼선을 피해야 한다. 한번에 고쳐 잘하기보다 숱한 반복 속에서 조금씩 감각을 깨우쳐 익숙한 동작으로 자리 잡을 때까지 지속적으로 교정해 주어야 한다.

교정한 부분은 반드시 다시 확인해 주어야 한다.

"어때, 그렇게 해보니 느낌이 다르지? 동작이 훨씬 좋아졌지? 힘이 더 느껴지지?"

수련생이 스스로 변화를 느끼도록 유도해야 한다.

'아, 내가 이렇게 고쳐졌구나, 전보다 나아졌구나.'

이렇게 실력이 익어가고 수련의 결과가 가시화 될 때 수련생은 새로운 동기부여를 받게 된다.

교정에서 또 조심할 부분이 있다. 대충 보여주고 가르치고 나서 "이놈, 틀리기만 해봐라!"는 식이어도 안 된다. 남들 앞에서 수치심이나 주눅이 들도록 야단치는 것은 지적이다. 더 잘하도록 동기유발하는 교정이 아니다. 지적은 마음에 상처만 준다.

정감어린 교정과 수치심을 유발하는 지적을 구분해야 한다. 우리야 평생을 해온 일이지만 그들에겐 익숙지 않은 일인데다 운동능력마저 떨어져 잘 따라오지 못해 의기소침해 있는 수련생에게 함부로 지적하고 야단치면 수련생이 받을 수치심, 마음의 상처는 어찌하겠는가. 배우는 사람에게 인내가 필요하지만, 가르치는 사람에게는 더 많은 인내가 필요하다.

필요한 교정을 해주더라도 클래스의 에너지 흐름이 끊기지 않고 이어지도록 타이밍도 잘 살려야 한다. 한참 힘차게 잘 흘러가는 수업을 끊고 조목조목 장황한 설명이 이어지면 지루하고 집중력이 떨어진다. 간단명료하게 어디가 문제인지 어디를 고쳐야 할지 핵심만 짚어 설명한 다음 스스로 열심히 반복하는 가운데 사범이 강조한 바를 느끼게 해야 한다. 교정된 부분을 평가하고 다시 칭찬한다. 이럴 때 더 열심히 해야겠다는 동기부여가 된다.

긍정적인 칭찬과 교정을 반복하는 과정은 중요하지만 쉽지 않다. 수련생을 지도할 땐 칭찬을 먼저 하고 교정한 후 고쳐진 부분에 대해 다시 칭찬해야 한다. 이때 강렬하고 적절한 감탄사를 섞어 사용하면 효과가 더욱 좋다.

"와~ 대단하네요, 아주 인상적입니다, 아주 보기 좋아요, 아주 잘했어요, 놀라운데요, 훌륭해요, 아주 멋져요, 환상적입니다, 완벽해요!"

이런 추임새를 붙여 칭찬해 주면 좋다.

"잘 하긴 했어, 그런데 말야……"

이러면 잘 한 게 아니라는 말이 된다.

"아주 잘했구나, 그렇다면 이제부턴 이렇게 해 보는 게 어떨까?"

지금까지도 잘했지만 더 잘하는 방법을 가르쳐주겠다는 뉘앙스가 전달되도록 말해야 한다.

수업 직후에 부모를 만나서도 아이 칭찬을 하면서 무엇이 나아졌는지 가능한 상세하게 짚어주고 무엇을 더 힘써야 할지 알려주면 도장과 가정을 잇는 입체적인 교육이 된다.

"스미스 부인, 오늘 존이 대단히 잘했습니다. 품새도 잘 따라오고 있고 집중력도 좋아지고 있습니다. 이럴 때 부모님의 관심은 많은 도움이 됩니다. 집에서도 품새 연습을 할 수 있도록 도와주실 수 있겠죠?"

교육의 틀은 배려다. 수련생에 대한 깊은 배려를 통해 어떻게 가이드라인을 잡아주고 어떻게 이끌어야 잠재력을 최대한 꺼내줄 수 있을지 연구하는 것이 바로 교육의 틀이고 과제다.

사범은 수련생이 두려워야

예전에 태권도는 일사불란, 상명하복, 절대복종이 전부였던 통제 교육이었다. 지금도 수련생들에게 명령조로 대하는 습관이 남아 있다. 수련생의 눈에 사범은 딱딱거리는 훈련소 조교가 아니라 절제되고 온화하면서 힘이 있는 캐릭터로 자리 잡아야 한다. 그러기 위해선 수업시간에 쓰는 언어 선택이 아주 중요하다.

"자, 이제부터 수업 시작이다. 정신 똑바로 차려! 눈 똑바로 떠! 가슴 쫙 펴!"

이런 강압적인 언어 바람직하지 않다.

"여러분이 가슴을 활짝 펴고 반짝이는 눈으로 사범에게 집중하는 것을 보니 모두 흥미진진하게 수련할 준비가 되어 있군요! 자, 그럼 신나는 수업을 시작해 봅시다!"

이런 언어가 훨씬 낫다.

"야, 더 세게 차! 그게 뭐야? 아니, 몇 번을 말해줬는데 그걸 못 알아들어?"

역시 나쁘다.

"이번엔 무릎을 좀 더 굽혔다가 차 보자. 아주 잘했어! 그것 봐, 더 빠르고 세게 찰 수 있지?"

사범이 긍정의 언어를 사용하는 데 익숙해지면 수련생에게도 긍정의 마인드를 심어줄 수 있다. 이것은 앞차기 기술 하나를 잘 가르치는 것보다 중요하다.

수업 중에 딴짓 하는 수련생을 콕 집어 면박을 주고 핀잔을 주기보다 그 옆의 잘하는 수련생을 칭찬해 준다.

"와~! 쟈니를 보세요. 사범이 말할 때 반듯이 서서 듣는 자세가 대단히 보기 좋습니다. 이번엔 수잔을 봅시다. 수잔의 눈빛을 보니 집중력이 대단한 걸 알겠네요!"

이렇게 친구들을 칭찬해 주다 문제의 수련생에게 눈을 돌린다.

"자, 이제 토니 차례다. 토니도 다른 친구들처럼 잘 할 수 있겠죠?"

그러면 집중하지 못하던 토니가 '자신도 봐 달라'는 듯 잘 따라하게 된다. 그때를 기다려 더 큰 칭찬을 해 준다.

"와, 토니 역시 아주 잘하고 있네요!"

그렇게 조금씩 잘하는 대열에 동참하도록 이끌어준다.

우리는 태권도를 가르쳤을 뿐인데 어떤 수련생은 너무 감사하다며 눈물을 흘리거나 평생 못 잊을 관계를 맺기도 한다. 각자가 가진 잠재력과 가능성을 최대한 잘 발휘하도록 인내하며 용기를 주고 함께 부딪혀 가다 보면 그 과정에서 말 못할 끈끈한 연대의식이 생기고, 결국 재능이 알을 까고 나오는 것이다.

수련생을 너무 친근하게 대하다 보면 사범의 권위가 떨어지는 일이 생기진 않을까? 우리 한인 사범들에게는 투박하지만 저돌적인 카리스마가 있다. 영어가 조금 달리더라도 수련생을 잘 끌고 간다. 그중엔 군대 훈련소 조교처럼 "인사 똑바로 안 해? 움직이지 마! 어디 눈을 돌려?" 하며 카리스마적 권위로 수련생을 휘어잡는 사범도 있다.

그런데 수업시간에 수련생을 일사분란하게 잘 다루니까 잘 가르친다고 생각하는 것은 생각해 볼 문제다. 성질도 부리고 기합도 주어 사범만 보면 기가 죽어 어쩔 수 없이 말을 잘 듣게 만드는 것은 교육의 본질이 아니다. 수련생을 잘 다루는 것도 중요하지만 부정적인 방법으로 다루지 않는 것이 더 중요하다. 사범이 두려움의 대상이 되거나 사범의 기분에 따라 오늘 수업이 어떻게 변할지 몰라 수련생들이 전전긍긍해서는 안 된다. 리더십은 권위로 눌러서 나오는 것이 아니라 솔선수범에서 나온다.

월드클래스에서는 사범들이 정말 열심히 수련생을 존중하며 가르치는 모습을 볼 수 있다. 월드클래스에 사범으로 오려면 대단한 실력과 스펙을 갖추어야 되는 줄 아는데 전혀 그렇지 않다. 우리 도장에 오는 인턴사범 중엔 태권도학과의 훌륭한 교수님들이 추천한 사범도 있고, 먼저 와 있는 사범이 추천한 후배도 있지만, 나는 스펙 좋은 사람만 선호하지는 않는다.

좋은 사범을 원한다고 내 맘대로 되는 것도 아니고, 사고방식이 나와 너무 달라 마음에 안 드는 일도 있다. 그럴 때면 '아이고~! 나도 젊었을 땐 한참 모자랐는데 뭐.' 하며 기회를 주고자 노력한다. 기본적으로 배우려는 진지하고 성실한 자세와 수련생을 진심으로 대하는 자세만 갖추면 된다. 그런 자세만 있으면 누구든 좋은 사범이 될 수 있다.

하지만 '내가 사범인데 이런 것쯤은 괜찮은 거 아냐?' 하거나 사범이니까 수련생을 고압적으로 대해도 괜찮다고 생각하거나 지시를 잘 따르지 못한다고 수련생에게 성질을 부리는 태도는 절대 용납하지 않는다. 나는 사범이니까 도장에선 뭐든 내 맘대로 할 수 있다고 생각하는 발상 자체가 싫다!

한국에서 오자마자 바로 수련생들이 "Yes sir!" 하고 대접하니까 권위를 당연한 권리로 생각하는 사범도 있다. 사범이니까 존경을 받는 것이 당연한 줄 알면 안 된다. 사범은 수련생을 어려워해야 한다. 아니 수련생은 정말로 어려운 존재다. 수련생을 친절하게 대하는 것은 우리의 의무다. 잘 못하는 수련생들로 하여금 용기를 가지고 잘 할 수 있도록 인내하며 인도하는 사람이 사범이다.

월드클래스에서 추구하는 리더십의 본질은 솔선수범이다. 월드클래스 사범들은 수련생을 가르칠 때는 말로만 하지 않고 시범을 보여주되 최고의 동작을 통해 동기부여를 할 만큼 흥미진진하다. 수련생들이 앉아 있는 방향에 따라 왼쪽을 보여주는 것이 좋은지, 오른쪽을 보여주는 것이 좋을지까지 고려해 역동감이 전해지도록 최선을 다한다.

매번 좋은 수업을 만들겠다는 각오로 최선을 경주하다 보면 자연스럽게 솔선수범으로 수련생들의 신뢰가 쌓이게 된다. 사범이 먼저 최선을 다하고 수련생 하나하나에 진지한 관심을 갖는 것보다 강렬한 리더십은 없다.

어려운 수련생 포기하지 않기

수련생 중에는 알아서 잘하는 사람도 있지만 말 안 듣고 속을 썩이는 이들도 있게 마련이다. 이들은 주위 수련생들에게도 불편을 준다. 이런 수련생은 차라리 도장에 안 나왔으면 하는 생각도 든다. 우리 도장 2,000명 수련생 중 내가 어떤 요구를 해도 잘 소화할 눈빛이 반짝거리는 수련생만 골라 300명을 추려내면 누구나 "와~!" 하고 감탄할 것이다. 하지만 그렇게 되면 나머지 1,700명은 잃어버린 양이 된다. 우리에겐 그들이 더 소중한 사람들이다. 그들이야 말로 태권도가 필요하고 우리의 도움이 절실하기 때문이다. 그들을 다 이끌고 가야 한다. 사범들에게 늘 하는 말이 있다.

"아무리 열심히 가르쳐도 부족한 사람이 있게 마련이다. 말 안 듣는 수련생 하나가 물을 흐리고 있다면 '이 녀석이 나를 우습게 보나?' 혹은 '부모들이 나를 실력 없는 사범으로 보진 않을까?' 화도 날 것이다. 뒤에 앉아서 보고 있는 부모들도 그 수련생이 말을 안 듣는다는 것을 안다. 부모들은 사범이 그 수련생을 혼내주길 바라는 것이 아니라 그 수련생의 모자람을 인내하고 다독여 이끌어주는 모습을 기대한다."

'차 떼고 포 떼고' 마음에 안 드는 수련생은 버리고 마음에 드는 수련생만 끌고 가려 해서는 절대 400~500명 도장으로 키울 수 없다. 누가 오든 다 품고 가야 그 이상의 수련생이 있는 도장이 될 수 있다.

가르치는 사람이 가장 경계할 것

모든 수련생을 공평무사하게 대하고 싶지만 아무래도 잘하는 수련생에게는 칭찬 한마디 더 하게 되고, 못하는 수련생에게는 잔소리 한마디가 더 나가다 보니 혹시 부모들에게 편애하는 것으로 비치지 않을까 우려된다.

도장에 어떤 결핍 때문에 부모 손에 이끌려 오는 어린 수련생들이 있다. 크게 두 부류가 있는데 첫째는 자신감이 부족하고 수줍음이 많아 자신의 의사표현에 어려움을 겪는 경우다. 이들은 자존감이 낮고 에너지도 약하다.

둘째는 과잉행동, 충동성 행동이 수반되는 아이들로 집중력에 장애가 있으며 룰을 잘 따르질 못해 남들과 조화를 이루지 못하고 버릇이 없다는 평가를 듣는다. 주의력 결핍으로 들은 것도 금방 까먹고 물건도 자주 잃어버린다. ADD나 ADHD 장애를 가진 수련생이다. 에너지가 너무 높아 통제가 안 돼 다루기가 어렵다. 이밖에 타고난 재능 때문에 감각적으로 빨리 배우는 수련생이 있는가 하면, 열심히는 하는데 재능이 없어 진도가 늦는 수련생, 도장에 몸만 와 있으면 수련은 사범이 알아서 시켜주는 것으로 생각하는 수련생, 열심히 하는 것이 어떤 것인지 모르는 수련생 등 천차만별이다. 자칫 가르치기가 편한 수련생을 편애하는 경향이 생기는데, 편애는 가르 치는 사람이 가장 경계할 일이다. 잘하는 수련생에게 칭찬 한 번 더 하고 시범을 보이도록 자꾸 앞에 세우다 보면 잘하지 못하는 수련 생은 소외되고 차별받는 느낌을 받을 수 있고 편애로 여길 수도 있 다. 차별과 편애는 매우 민감한 문제다. 수련생에게 공평한 애정과 관심을 주는 일은 사범의 기본자세다. 사범이 공평함에 대한 신뢰 를 쌓기까지는 부단히 노력할 수밖에 없다.

끌고 가기 어려운 수련생에게 더 마음을 내어 다독여 갈 수 있어 야 할 텐데 억지로 하려니 더 어렵다. 본질적으로 모든 수련생은 특 별한 존재다. 정말 그렇다. 신체적 능력이나 정신적 밸런스가 부족 한 수련생이 자신과의 싸움에서 포기하도록 방치하면 우리의 설 자 리는 어디겠는가. 노력 안 하는 사람, 집중 못 하는 수련생이 어떻 게 노력하게 할 것인지, 어떻게 집중하게 이끌지 알려주는 것이 바 로 우리가 할 교육이자 사명이다.

허약하거나 극도로 비만한 경우 혹은 운동신경이 아주 없는 경우, 성격이 폐쇄적이거나 소극적이거나 혹은 집중력이 부족해 스스로 통제하지 못하는 이들은 이미 생활 속에서 어려움을 겪고 있다. 이 들이야말로 태권도를 가장 필요로 한 존재라는 인식의 전환이 필요 하다. 이들을 잘 끌어주고 좋은 경험을 하도록 도와주면 태권도가 이들에게 얼마나 소중한 선물이 되겠는가. 사범은 수련생들의 인생 에 소중한 선물을 나누어주는 매우 특별한 존재다.

도움이 필요한 수련생을 잘 다루기 위해선 수련생 하나하나를 소 중한 존재로 인식하고 그 모습 그대로 끌어안는 것부터 시작해야 한다. 약간의 노력이나 작은 발전 하나라도 만들어내면 굉장히 크게 칭찬해야 한다. '나도 하니 할 수 있구나!'하는 자신감을 끌어내도록 말이다.

수련생 각자의 특성을 무시한 채 모든 수련생을 한 틀 속에 집어넣어 끌고 가려는 비효율적인 방식은 버려야 한다. 수련생 한 사람 한 사람에 대한 이해와 관심 속에서 용기를 북돋아주는 자세야말로 좋은 사범이 되는 밑거름이자 활력의 원천이다.

재능 없는 수련생 끌어주기

도장에 재능 있는 수련생들이 오래 남아주면 좋겠는데 재능 있는 수련생은 태권도 말고도 할 것이 많아 그런지 오래가지 않는 경향이 있다.

태권도 수련은 재능에 앞서 마음가짐이 중요하다. 재능 있는 사람은 단기간에 좋은 결과를 얻고자 하고 잘하다가도 쉽게 흥미를 잃기도 한다. 반면, 재능은 조금 부족하지만 꾸준히 최선을 다하려는 마음가짐이 있는 사람은 장기적으로 더 많은 것을 성취하는 것을 보곤 한다.

좋은 결과는 짧은 시간의 노력만으로 이루어지지 않는다. 인내를 가지고 꾸준히 어려움을 극복할 때 비로소 이루어지는 것이다. 꾸준히, 최선을 다하려는 겸손한 마음자세는 태권도뿐 아니라 모든 일에 필요하다. 수련생이 내가 생각한 대로 따라오지 못한다고 포기하면 안 된다. 포기하지만 않는다면 분명 좋은 결과가 있을 것이다.

수련생이 도달할 수 있는 작은 목표를 세워주고 성취하도록 이끌어야 한다.

"이번 주까지 이 동작을 습득해 보자. 이번 심사는 놓치지 말고 꼭 보자."

이런 과정을 통해 도전과 성공에 익숙해지도록 인도할 수 있다. 수련을 통해 각자 최선을 다하는 심성을 기르도록 인도하는 것이 사범의 일이다. 사범에게 꼭 필요한 것 중 하나가 바로 인내다.

한 클래스에 각기 다른 연령과 성향의 수련생이 들어오다 보면 어디에 장단을 맞춰야 할지 결정하기 어려울 때가 있다. 배우는 사람의 유형을 몇 가지 그룹으로 나누면 다음과 같다.

첫째, 자발적으로 열심인 그룹(Self motivated)이다. 이들은 클래스에 에너지를 높이는 역할을 한다.

둘째, 시키는 대로 잘 따라하는 그룹(good follower)이다. 자발적이진 않지만 사범의 지도에 따라 잘 반응해 끌고 가기 쉬운 그룹이다.

셋째, 자신감이 없고 소극적인 그룹(Low self esteem)이다. 이들은 클래스의 에너지를 끌어내리기 쉬운 그룹이다.

넷째, 말썽을 부리는 트러블 메이커(Trouble maker) 그룹도 있다. 이들은 부정적인 에너지를 퍼뜨리고 때로는 사범의 지도에 정면으로 도전하기에 자칫 평정심을 잃게 할 수도 있다.

여러 그룹의 수련생이 한 수업에 다같이 들어올 때 어떤 그룹에 중점을 둘 것인가를 결정하는 것은 쉽지 않다. 잘하는 그룹을 위주로 하면 부족한 이들이 따라오기가 쉽지 않고 잘하는 그룹에만 관심과 애정을 주는 것으로 오해받을 수 있다. 그렇다고 '트러블 메이커 그룹'에 포커스를 맞춰 진도를 늦추거나 엄하게 야단쳐 끌고 가려 하면 오히려 클래스의 밸런스를 잃게 된다.

전체를 공평하게 대하는 기본자세를 유지하면서도 부족한 그룹을 긍정적으로 유도해 전체 클래스가 자발적으로 최선을 다하는 방향으로 끌고 가야 한다. 자칫 잘 따라오지 못하면서 딴 짓을 하면 '저 녀석은 태도가 불량하구나.' 또는 '잘하지 못하는 수련생은 열심히 안 하기 때문이다.'라고 쉽게 생각하는 경우도 있는데 한 발짝 가까이 다가가 들여다보면 정말 능력이 안 돼 기량을 발휘하지 못하는 경우도 있다. 그래서 각자의 능력 범위 안에서 최선을 다하는 습성을 길러준다는 기본원칙 하에 끌고 가야 한다. 나는 이것을 퍼스널 베스트(Personal best) 즉, '각자의 최선'이라고 한다.

조금 부족한 수련생의 등 한 번 더 토닥여주어야 한다.

"쟈니, 난 네가 할 수 있다는 걸 잘 안다. 다음엔 분명히 더 잘 할 수 있을 거라 믿는다."

이런 배려를 보여주면 수련생이 믿고 따라올 것이다.

'아, 사범님은 나에게 관심이 있구나. 나를 이해하시는구나!'

부족한 수련생을 있는 그대로 받아주고 포용해야 한다. 산만하거나 에너지가 낮은 어려운 수련생을 만나더라도 이들과 정말 보람 있는 시간, 즐거운 시간을 만들어내겠다는 도전적인 생각을 가져야 한다. 그러면 이들에게 도장은 특별한 곳, 자랑스러운 곳이 될 것이다.

활기차고 입체적인 클래스를 만들기 위해 수업에 오는 수련생을 늘 반갑게 맞아주고 항상 미소로 대해야 한다. 준비운동부터 신나고 열정적으로 시작해 오늘의 수업을 기대하도록 만들어야 한다. 수업 중엔 한 사람 한 사람의 이름을 불러주고 시선을 맞추고 간단한 터치를 해주는 관심도 보여주어야 한다.

도장 안의 모든 일이 한눈에 들어와야 한다. 도장은 깨끗하게 정돈되어 있는지, 수련생들은 벨트를 제대로 매고 있는지, 보호 장비는 제대로 착용하고 있는지, 사범이 열정적이고 뜨거운 에너지를 가지고 시범은 충분히 보이고 있는지, 칭찬은 적재적소에 하고 있으며 교정은 충분히 하는지, 수련생들은 사범의 말을 경청하고 사범의 지도에 주목하고 있는지, 수련생과 사범, 수련생 상호간에 존중하는 분위기는 형성되어 있는지, 뒤에 앉아 수업을 참관하는 부모들은 흥미 있게 바라보고 있는지 등 점검할 것이 셀 수도 없다.

사범의 품위

월드클래스의 모든 스태프는 프로페셔널하다. 복장부터 단정하고 사람을 대하는 말씨며 태도 등 모든 면에서 진지하다. 나는 사범들에게 가르치는 사람의 바른 자세를 늘 강조한다.

"수련생 앞에 설 때는 지도자로서 최선을 다해 품위 있는 모습을 갖춰라! 도복도 항상 청결하고 단정하게 갖춰 입어라!"

젖은 손을 고추장, 된장 다 튄 앞치마에 쓱쓱 닦아가며 음식을 내주는 분식집도 정겹지만, 고급 레스토랑 직원이 그런 식으로 복장을 갖추고 서빙하면 누가 기분 좋게 식사를 하겠는가? 고급 레스토랑 직원이면 옷도 정갈히 다려 입고 명찰도 달고 단정한 태도로 손님을 맞아야 한다.

월드클래스에 땀 흘려 쉰내 나고 지저분한 도복을 입고 수련생 앞에 서는 스태프는 아무도 없다. 열정적으로 가르치다 보니 땀에 젖어 하루에도 몇 번씩 도복을 갈아입는 사범도 있다.

월드클래스는 모든 수련생에게 수련을 열심히 할 때 느끼는 즐거움, 최선을 다할 때 느끼는 즐거움이 습성이 되도록 노력한다. 사범들에게 수업은 늘 긴장과 도전의 연속이다. 최고의 사범이 되려는 열정으로 도복을 입어야 한다. 사범이라면 단순히 태권도 기술을 전수하는 기능전수자가 아니라 인격을 지도하는 교육자의 의식과 책임감을 지녀야 한다.

가르치는 것은 기술 전수 이전에 사람간 관계부터 시작한다. 수련생 개개인에 대한 진지한 관심으로 이해하고 존중하며 긍정에너지를 끌어내고자 최선을 다하는 사범이 되어야 한다.

우리 월드클래스에는 사범 인재들을 키워내는 교재인 인스트럭터 매뉴얼이 있다. 그 안에는 사범으로서 당연히 숙지해야 할 실무적 지식이나 교육방법들이 상세히 들어있고 그밖에도 본이 되는 사범으로서 갖추어야 할 언행과 품위에 대한 많은 행동지침과 강령이 들어 있다. 그중 몇 가지만 예로 들어 보자.

1
좋은 사범이 되기 위해선
먼저 좋은 학생이 되어라

그러기 위해

❶ 자신의 발전을 위해 수련을 계속하라.
❷ 가르치는 커리큘럼을 깊고 넓게 숙지하라.
❸ 모두를 존중하는 자세로 모범이 되어라.

2

월드클래스의 스태프로서
좋은 팀원이 되어라

이를 위해

❶ 협동하고 존중하라.

❷ 열린 마음으로 대화하고 받아들여라.

❸ 다른 이의 의견을 존중하라.

❹ 언제나 최선을 다하라.

3

전문 직업인으로서의
자세를 갖추라

이를 위해

❶ 의복과 몸가짐을 단정하게 하라.

❷ 도장의 정돈 상태와 분위기에 책임의식을 가져라.

❸ 항상 긍정의 에너지를 갖도록 하라.

❹ 수련생과 가족들과의 관계에서 사범으로서의
  마음가짐을 잃지 마라.

❺ 신뢰할 수 있는 책임감을 보여라.

세대교체로 진화하는 미국태권도

요즘은 한국에서 건너온 젊은 사범이 많다. 미국은 전 세계 무술의 각축장이다. 미국에는 아직도 더 많은 태권도장과 의욕적인 종주국 사범이 많이 필요하다. 그러나 한국에서 건너오는 사범들의 자질에 부족한 면도 있다. 미국은 단순히 태권도 기술만 뛰어난 사범을 원하지 않는다.

"태권도 수련을 통해 어떻게 올바른 인성을 꺼낼 것인가?"

"어떻게 성인들에게 필요한 가치를 끌어낼 것인가?"

"태권도장의 사회적 역할은 무엇인가?"

이런 질문에 답을 찾고자 하는 진취적인 사범을 원한다.

한국의 도장이나 태권도학과에서 미국 사회가 필요로 하는 것들을 가르쳐 보낼 수 없음을 잘 알고 있다. 다행히 미국 태권도장에는 이들을 재교육할 시스템과 콘텐츠가 있다. 이러한 것을 배우려는 자세로 오는 사범이 필요하다. 지금 아는 것만으로는 충분하지 않다. 종주국 출신 사범이고 최신 기술로 무장했다고 자부심만 내세우는 자세로는 넘어야 할 언어·문화·사회적 인식의 벽이 너무 높다.

한국 사범들이 미국에 와서 자리를 잡는 데까지는 어려움이 많다. 그중 가장 큰 어려움은 언어소통이다. 언어는 단기간에 해결될 수 없다. 살면서 지속적으로 노력할 수밖에 없다. 그나마 다행인 것은 미국 사람들이 한국에서 처음 온 사범들이 겪는 언어소통의 어려움을 이해하고 인내하는 자세를 가지고 있다는 것이다. 덕분에 간단한 단어와 태권도 동작 시범으로 태권도 기능을 가르치는 일에 빠르게 적응한다.

더 큰 문제는 문화적 차이에서 생기는 괴리와 오해다. 사회, 학교, 가정에서 사람들이 서로 접촉하며 영향을 미치는 방식이 한국에서와 사뭇 다르다. 이해하고 배려하는 존중과 소통의 방식은 한국 사범들이 배우고 겪은 것과 큰 차이가 있다.

그런 문화적 차이를 몰라 실수하는 사례는 비일비재하다. 어떤 사범에겐 이런 얘기도 들었다.

"처음 미국에 와서 잘못한 수련생을 야단쳤는데 고개를 숙이기는커녕 눈을 반짝 뜨고 빤히 쳐다보더군요. '이 녀석이 반항을 하나?' 싶어 황당했어요. 나중에 알고 보니 미국에선 야단칠 때 눈을 맞추는 것이 '제가 말씀을 경청하고 있다'는 뜻이더군요."

이렇게 한국과 다른 문화 차이를 인식하고 받아들여야 할 것이 많다.

나는 사범들과 함께 책도 나누어 읽고 토론도 하고 현장에서 부딪히는 경험을 나누며 배우고 발전하도록 노력한다.《훌륭한 교사는 무엇이 다른가?》같은 책은 교육철학과 교직 경험이 조화를 이뤄 태권도 사범도 크게 공감할 좋은 책이다.《성공하는 사람의 일곱 가지 습관》도 미국 사람들의 사고방식을 이해하는 데 많은 도움이 된다고 생각해 읽게 한다.

우리 세대의 태권도와 요즘 세대의 태권도에는 차이가 있다. 태권도 수련의 방식이나 테크닉 활용이 시대를 따라 발전하고 있지만 근본적으로 태권도의 본질은 세대를 초월한다. 젊은 세대가 가져오는 변화의 장점을 받아들이고 우리 선배세대가 가진 뿌리의 깊이를 함께 나누면서 극복하고자 한다.

한국에서 사범이 오면 한국에서 습득한 수련방식과 논리는 일단 접어두고 이곳에서 내가 가르치고 시행하는 월드클래스방식을 적극적으로 따르게 한다. 자신이 배우고 습득한 방식과 다소 다를 지라도 나는 나대로 논리가 있으니 이것을 배워 자신의 지식 창고에 더해 충분히 소화시켜 본 후 그래도 마음에 차지 않는다면 나중에 독립해 원하는 대로 가르치면 된다. 때로는 젊은 사범들의 의견을 반영해 우리 시스템에 적용하기도 한다. 그러다 보니 사범들이 내 스타일과 방식을 존중하고 따라와 준다.

한국에서 건너온 사범 중에는 오자마자 수련생들이 깊은 존경을 표하고 예의 바르게 대하는 것을 보고 이런 대접이 당연히 자신들이 누려야 할 권리라고 착각하는 것 같아 안쓰러울 때도 있다.

겸손해야 한다. 미국 태권도 사범들은 수련이 주는 긍정 요소를 생활 속에 뿌리내리는 데 성공했다. 호신의 차원을 넘어 겸손한 마음, 공동 수련으로 익히는 조화와 질서, 깊어지는 가족관계 등 눈에 띄는 유익을 이끌어내 수련 인구의 저변 확대를 가져오는 데 큰 역할을 했다.

미국 사회가 필요로 하는 존중과 협동, 용기와 절제 같은 인격의 덕을 쌓아 선배 사범들이 실생활에서 도움이 되는 수련을 먼저 본을 보였기에 오늘의 미국태권도가 있는 것이다. 그런 바탕 위에 세워진 도장으로 건너오는 후배 사범들은 선배들의 노고에 감사하며 전통을 계승하는 자세를 가져야 한다.

미국에서 태권도 사범의 사회적 지위는 한국과 상당한 차이가 있다. 도장에는 각계각층의 전문직 성인 수련생도 많고 그들 역시 사범을 한 분야에서 높은 경륜을 쌓은 전문가로 존중한다. 그러다 보니 그것을 특권으로 받아들이는 사범도 있다.

작고하신 나의 아버지는 평안도 분이다. 옛날 분이고 많이 배우지도 못했지만 기골이 장대하고 맺고 끊음이 확실하셨다. 일흔쯤 되셨을 때 미국에 모셨는데 선배 사범이 아버님께 넙죽 절을 하더니 내 자랑을 대신해 주었다.

"미국에서는 태권도 사범이 의사보다 낫고 변호사보다 대접받습니다. 최고입니다!"

선배가 간 후 아버지께서 언짢은 목소리로 말씀하셨다.

"너도 그리 생각하느냐? 태권도 사범이 의사보다 낫고 변호사보다 더 대접받아야 한다고 생각하느냐 말이다."

내가 쭈뼛쭈뼛 대답을 못하자 말씀을 이으셨다.

"그러지 마라. 남이 나를 알아주고 칭찬하면 '무슨 말씀이십니까? 당치 않습니다' 하고 겸손히 넘어가야지, 태권도 사범이 대단하다고 자화자찬하는 것이 말이 되느냐? 그런 자세가 맞겠느냐?"

그 말씀이 지금도 가슴에 새겨져 있다. 수련생이 우리에게 존경을 표한다고 우쭐대선 안 된다. 조심하고 경계할 일이다. 우리는 그저 더 좋은 사범이 되고자 노력할 뿐이다.

한때 도장을 떠났던 한인 2세 사범들이 빠르게 돌아오고 있다. 이들이 미국의 태권도장에 신선한 바람을 일으키고 있다. 지난 세월 한인 2세들은 주먹구구식으로 도장을 운영하며 고생만 했던 부모 세대를 볼 때 노력과 희생에 비해 보상이 부족해 보였기에 도장을 미래가 있는 비즈니스로 생각하지 않았다.

그런데 요즘 미국 태권도장 사업이 사회와 가정, 그리고 개인이 원하는 교육의 결과를 이끌어내고, 수련의 가치를 높이는 데 성공하며 비약적으로 발전하고 있다. 도장의 대형화와 운영시스템의 체계화로 여러 지관 운영이 효율적으로 가능해져 예전에 비해 성공의 규모도 놀랍도록 커졌다.

게다가 도장 운영에 비즈니스적인 전문경영 마인드의 필요를 인식한 2세들이 생각을 바꾸었다. 이들은 미국에서 태어나 미국에서 고등교육을 받은 만큼 부모세대의 언어, 문화에 대한 핸디캡이 전혀 없다. 더불어 한국적 사고와 행동양식에 대한 이해까지 있어 미국 사회가 필요로 하는 태권도 교육의 방향을 쉽게 도출해낼 잠재력이 있다. 이렇게 한국 문화와 미국 문화가 그들 안에서 소용돌이치며 강력한 시너지를 발산하는 고급인력들이 도장 산업으로 속속 유입되고 있어 무술시장의 경쟁이 더욱 치열해지고 있다.

한국에서 태권도를 전공하고 미국에 진출한 젊은 한인 사범들과 미국에서 자란 2세 한인 사범들이 좋은 유대관계를 갖기를 바란다. 태권도와 종주국의 적자라는 공통분모를 가지고 자긍심으로 의기투합할 때 다양한 사고를 가진 두 그룹의 젊은이들이 해낼 일은 대단할 것이며 태권도의 미래도 밝아질 것이다.

〈제5강〉

스타트업

이 사범: 맨땅에다 도장도 세워보고 여기저기 도장도 옮겨보았습니다. 그렇게 새롭게 도장을 열 때마다 위험 부담에 얼마나 가슴을 졸였는지 모릅니다.

정 관장: 위험을 안전한 위험, 통제할 수 있는 위험으로 바꿀 수 있도록 예측가능한 모든 변수를 따져보고 그에 맞는 대응책을 꼼꼼하게 세우고 달려들어야 합니다. 특히, 도장을 이제 막 시작하려는 사범들은 단단히 준비해야 합니다. 얼마나 많은 사범이 실패해 도장 문을 닫거나 영세한 지경을 벗어나질 못한 채 어려운 싸움을 이어가고 있는지를 안다면 그럴 수밖에 없을 것입니다.

이 사범: 최적의 도장 자리라고 찾아가 보면 이미 다른 비즈니스가 자리를 점령하고 있거나 설령 자리가 나더라도 임대료가 너무 높아 감히 엄두가 나질 않습니다. 그러다 보니 로케이션과는 상관없이 싸고 널찍한 곳으로 눈길이 돌아가곤 하더군요.

정 관장: 누구나 싼 곳으로 들어가 안전하게 시작하고 싶은 것이 인지상정입니다. 하지만 시작하기 편한 곳으로 들어가서 머뭇거리는 시간이 길어지다 보면 그 자리에 평생 주저앉기도 합니다.

이 사범: 한국에서 건너 온 사범들이 미국에 오자마자 기회만 생기면 서둘러 독립할 생각부터 합니다. 이게 사범과 관장간의 갈등의 씨앗이 되기도 합니다.

정 관장: 한국에서 건너와 우리 도장에 있는 사범들이 때가 되면 당연히 둥지를 떠나 비상해야 하지 않겠나 생각하지만, 적어도 5년은 여기에 머물면서 철저하게 배우고 준비하라고 말합니다. 사범들에게 도장에서 배우는 것이 많고 때가 되어 나가면 반드시 성공할 수 있다는 확신을 심어준다면 결코 서둘러 나가려 하지 않을 것입니다.

이 사범: 지경을 넓히다 실패한 경험은 없으셨습니까?

정 관장: 처음 시라큐스에 도장을 차릴 때 렌트비가 저렴한 곳을 찾아 들어가 고생만 실컷 하다 간신히 자리를 잡았습니다. 수련생이 200명을 넘어가자 섣부른 자신감이 생겨 지관을 하나 덜렁 차렸습니다. 제자에게 지관을 맡기고 내가 본관과 지관을 오갔는데 내가 본관에 있으면 지관이 흔들리고 지관으로 가면 본관이 흔들렸습니다. 11개월 만에 손해를 감내하고서라도 빨리 손을 털어야겠다고 결심했습니다.

이 사범: 3년에 400명씩이면 아주 빠른 속도인데 그것이 어떻게 가능했습니까?

정 관장: 일단 사범과 스태프들의 팀워크가 아주 좋았습니다. '최고의 태권도를 가르치는 도장이다'라는 자부심을 모두가 공감하면서 일했으니까요. 도장 분위기가 좋으면 수련생들 사이에 동료애가 더 크게 나타나게 됩니다. 도장을 다니는 즐거움이 더 많아지고 그것이 그대로 입소문으로 연결되는 것입니다.

이 사범: 관장님처럼 멋진 자기건물에 도장을 여는 것은 모든 사범의 꿈이 아닐까 싶습니다. 내 소유 건물을 갖는 노하우를 알려주시면 감사하겠습니다.

정 관장: 필요한 전제 조건들이 있습니다. 첫째, 현재 수익성이 좋은 도장을 운영하고 있어야 합니다. 둘째, 장소가 좋아야합니다. 10년, 20년이 지나서도 건물의 부가가치가 생길 곳이라야 합니다. 내가 쓰고 남는 공간을 렌트를 줄 수 있는 상가건물이라면 부가가치가 더 좋을 것입니다. 셋째, 내 소유의 건물을 가지겠다는 목표를 가지고 주위를 잘 살피고 준비해 가면 틀림없이 기회가 오게 마련입니다.

이 사범: 어떻게 지역에 새바람을 일으키셨습니까?

정 관장: 할 수 있는 한 도장을 드나드는 모든 사람에게 특별한 관심을 보여주고 친절하게 대했습니다. 도장을 차리고 한 달도 안 되었을 때 아이 다섯을 데리고 도장을 찾은 부부가 있었습니다. "아기가 참 예쁜데 이름이 뭡니까? 한번 안아 봐도 되겠습니까?" 하자 괜찮다고 하기에 웃으며 안아주었습니다. 그런데 다음날 온 가족이 입관했습니다. 가장은 "사범님이 아이들에게 깊은 관심을 가져주는 것을 보니 믿어도 되겠다는 생각이 들었다"고 했습니다.

이 사범: 새 건물을 짓기보다는 이미 사용되고 있는 건물을 사는 것이 더 쉽지 않을까요?

정 관장: 새로 짓는 경우 자신이 원하는 모습을 투영해 넣어야 하기에 생각보다 많은 부분에 신경을 써야 합니다. 공사 중 여러 변수가 작용할 수 있어 추가되는 공사 기간이나 비용 등이 발생해 힘이 듭니다. 나도 첫 도장을 지을 때 공사에 차질이 생겨 애를 먹었습니다. 시행착오와 시련은 누구나 거쳐야 하는 과정입니다. 다만 이 과정을 통해 더욱 더 깊고 세밀한 것까지 볼 수 있는 안목을 얻게 됩니다.

로케이션이 '기회의 파도'를 만든다

　첫 도장 오픈은 모험이다. 자칫 그간 고생하며 쌓아놓은 것들이 한순간 물거품으로 사라질 위험이 크다. 위험을 통제할 수 있는 위험으로 바꿀 수 있도록 예측가능한 모든 변수를 따져보고 대응책을 꼼꼼하게 세워야 한다. 특히, 얼마나 많은 사범이 도장 문을 닫거나 영세한 지경을 벗어나질 못한 채 어려운 싸움을 이어가고 있는지 알면 그럴 수밖에 없다.

　미국은 전 세계 수많은 무술이 진출해 꽃을 피운 곳이다. 그러다 보니 경쟁이 대단하다. 치열한 경쟁 상황에서 어떻게 도장을 열어야 위험을 줄일 수 있을까?

　미국에 무술도장이 난무하는 것은 모험을 좋아하는 국민성도 한몫 했지만 소자본 창업이 가능하기 때문이기도 하다. 한마디로 진입장벽이 낮다는 말이다. 최근엔 환경이 바뀌어가고 있다. 이제는 경쟁력 있는 투자를 해야 한다. 일단 좋은 로케이션(입지)을 찾는 일이 중요하다.

　'이 지역 인구는 얼마나 되나?'

　'생활수준은 어떤가?'

'기존 도장들은 무엇을 잘하고 있고 무엇을 잘못하고 있는가?'

'내가 그들보다 나은 프로그램과 유익한 가치를 제공할 수 있는가?'

이런 질문에 답을 먼저 찾으면 성공적으로 자리 잡을 확률이 훨씬 높다.

성공하는 도장과 실패하는 도장의 운명은 오픈 과정에서 어느 정도 결정된다. 도장을 열기 전 얼마나 꼼꼼하게 기획했는가가 정말 중요하다. 치밀한 준비 없이 어설프게 도장 문을 연다면 성공하는 도장으로 가는 데 아주 오랜 시간이 걸릴 수밖에 없다. 지금 태권도장이 처한 현실을 볼 때 자칫 한눈을 팔거나 쉽게 포기한다면 속절없이 거대한 파도에 휩쓸릴 것이다. 하지만 긍정 마인드로 준비된 사람에게는 '성공의 스릴'을 가져다주는 '기회의 파도'가 될 것이다.

도장을 새로 열 때 가장 우선적으로 고려할 일은 무엇일까? 도장을 꾸미는 일부터 가르치는 데 필요한 것 등 생각할 것이 많지만 무엇보다 로케이션을 선택하는 일에 특별히 신중을 기해야 한다.

미국은 워낙 넓은 나라다 보니 지역에 따라 생활방식도 조금씩 다르다. 게다가 앞으로 가정을 꾸려 살고 싶은 지역, 장기적으로 성공할 지역을 찾아내야 한다. 물론 많은 고민을 해봐도 가장 확신을 얻기 어려운 것이 바로 로케이션이다.

한국에서 건너온 사범들이 우리 도장에서 5년쯤 지나 영주권도 나오고 도장 경영에 대해서도 어느 정도 익숙해지면 그 때부터 1년 정도 독립할 준비를 하게 한다.

먼저 마음에 드는 도시를 정하고 나면 로케이션에 대한 시장조사를 한다. 반경 1마일, 3마일, 5마일의 인구밀도, 노인이나 어린이 인구는 얼마나 되는지, 가구당 연간 소득지표, 학교, 소수민족의 인구구성 비율까지 필요한 모든 정보를 빌딩렌트회사로부터 제공받을 수 있다.

좋은 자리를 찾아낸다 해도 그런 자리에 들어가려면 부담이 없지 않다. 내가 사범들에게 늘 하는 말이 있다.

"첫 번째 도장이 성공해야 한다! 그러려면 적극적이고 도전적이어야 한다. 어느 도시에 가더라도 중심 역할을 하는 곳, 중산층이 가장 많은 지역을 공략하라! 부담을 안고 가라! 그렇지 않으면 안 된다!"

월드클래스에서 나간 사범들이 성공한 중요한 이유 중 하나도 장소 선정 때마다 이런 도전적인 방식을 택했기 때문이다. 그렇게 첫 번째 도장을 성공하고 나면 두 번째, 세 번째 도장으로 확산되어 나가기도 수월하게 된다.

중산층이 많은 동네에서도 눈에 잘 띄는 곳, 접근성이 좋은 곳, 생필품을 파는 대형마트가 위치한 곳, 넉넉한 주차공간이 확보된 곳 등의 조건이 맞아 떨어지는 자리가 바로 최적의 도장 자리다. 하지만 막상 이런 곳을 찾아가보면 이미 다른 비즈니스가 점령하고 있거나 설령 자리가 나더라도 임대료가 너무 높아 감히 엄두가 나질 않다. 그러다 보니 로케이션과는 상관없이 싸고 널찍한 곳으로 눈길이 돌아가게 마련이다.

도장을 처음 차릴 때 변두리의 렌트비가 싸고 장소가 넓은 건물은 포기하기 힘든 유혹이다. 예를 들어 3,000평방피트 넓이에 월세 3,000달러면 '까짓것 100명만 모으면 되니 일단 그렇게 먼저 자리부터 잡고 나서 좀 더 나은 자리로 옮기면 되지 않겠는가?' 라고 생각하기 쉽다. 반면에 목 좋은 곳은 2,000평방피트의 좁은 공간에 월세 6,000~7,000달러를 내야 한다. 초반에 버티기도 힘들 뿐더러 많이 벌어도 나가는 게 많아 왠지 손해라는 느낌이 든다.

누구나 싼 곳으로 들어가 안전하게 시작하고 싶은 것이 인지상정이다. 이 정도면 감당할 수 있겠다 싶은 곳에서 먼저 기반을 쌓고 돈을 모아 다음 단계로 도약하겠다고 생각하지만 문제는 그게 현실적으로 매우 힘들다는 것이다. 나 역시 처음 도장을 열 때 그런 생각으로 들어갔다가 실컷 고생을 해봤기에 잘 안다. 시작하기 편한 곳으로 들어가서 머뭇거리는 시간이 길어지다 보면 그 자리에 평생 주저앉기도 한다.

탐나는 자리에 들어가고 싶은 마음이야 굴뚝같지 만에라도 생각처럼 되질 않았을 때 돌아올 위험부담이 너무 커 쉽게 용기가 나질 않는다. 도장을 열기 전에는 별별 생각을 다 하게 된다. 5년 임대기간 동안 잘되든 못 되든 상관없이 그 비싼 렌트비를 매달 꼬박꼬박 내야 한다고 생각하면 간이 쪼그라들 수밖에 없다. 망설이고 망설이다 마침내 임대계약서에 사인을 하고 나면 더 가슴이 쿵쾅거려 잠도 안 온다. 대신에 출렁이는 묘한 흥분감도 있다. 마치 경기에 출전하기 직전의 선수처럼 심리적으로 쪼그라들기도 하지만 왠지 이길 것도 같은 묘한 긴장감 말이다. 이런 위험부담은 준비를 얼마나 어떻게 잘 했느냐로 줄일 수 있다. 치밀한 준비와 자신감이 있어야 한다. 모험은 모험인데 자신감을 동반한 모험이다.

아무리 월드클래스 출신의 실력 좋은 사범들이라 할지라도 현실적으로 젊은 사범들에겐 그런 비싼 렌트비를 감당할 능력이 없을 텐데 어떻게 그런 좋은 자리들을 잡을 수 있었을까?

처음 독립해 나가는 사범들은 아무래도 젊고 신용기반이 없으니 당연히 목 좋은 곳에 있는 건물을 렌트할 수 없다. 건물주 입장에서도 변변한 재무능력도 없고 신용도 없는 이들에게 함부로 세를 줄 수가 없다. 그러면 건물주가 재무능력 좋은 사람을 앞세워 보증을 요구를 한다. 될지 안 될지 모를 도장 렌트비로 매달 5,000달러씩 내는 보증을 서면 자칫 예기치 못한 사태가 발생했을 땐 보증인이 모두 책임을 져야 한다. 그러니 혈혈단신 미국에 건너온 사범들이 어딜 가서 그런 어려운 부탁을 할 수 있겠는가.

그래서 필요한 경우엔 2년 정도까지 내가 보증을 서준다. 처음엔 나도 이런 일을 아내에게 말하기가 힘들었지만 "내게 배워 나간 사범들을 내가 믿어주지 않으면 누가 믿어주겠나?" 하니 아내인들 말릴 도리가 없었다. 이렇게 조금 도움을 주고 나니 다들 빠르게 자립을 했고 이제껏 아무런 문제도 없었다.

월드클래스에서 오래 있으면서 배워나간 사범들은 다 성공적으로 자리를 잡았다. 그런데 주위에서 보면 한국에서 건너 온 사범들이 미국에 오자마자 기회만 생기면 서둘러 독립할 생각부터 하는 경우가 많다. 이게 사범과 관장들 사이에 갈등의 씨앗이 되기도 한다.

그들을 탓할 것만도 아니다. 난 한국에서 건너와 우리 도장에 있는 사범들이 때가 되면 당연히 둥지를 떠나 비상해야 하지 않겠나 생각하기에 사범들과 얼마간은 있어야 한다느니 하는 계약서를 쓰진 않지만 대신 적어도 5년은 여기에 머물면서 철저하게 배우고 준비하라고 말한다. 사범들에게 도장에서 배우는 것이 많고 때가 되어서 나가면 반드시 성공할 수 있다는 확신을 심어준다면 결코 서둘러 나가려 하지 않을 것이다. 우리 도장에 온 사범들에게도 '내가 잘 왔구나. 여기에서 배워 가면 분명히 성공할 수 있겠구나!' 하는 확신을 주려고 노력한다. 그렇게 버팔로 월드클래스 도장을 태권도 사관학교로 만들어 이곳을 거쳐 간 사범들은 꼭 성공한다는 전통을 만들어내고 싶었다. 그래서 늘 사범들에게 강조한다.

"버팔로태권도사관학교'를 나온 사범이라는 특별한 자부심을 가지고 모두 성공한다는 전통을 지키자!"

실패란 말은 없다: 실험을 반복한 것일 뿐!

나 역시 실패한 경험이 있다. 많은 사람이 하는 실수를 나 역시 여러 번 했다. 내가 처음 뉴욕 시라큐스에 도장을 차렸을 때 렌트비가 저렴한 곳을 찾아 들어가 실컷 고생하다 엄청난 노력 끝에 간신히 자리를 잡았을 때였다. 수련생이 200명을 넘어가자 섣부른 자신감이 생겨 지관을 하나 덜렁 차렸다. 준비도 안 된 제자에게 지관을 맡기고 내가 본관과 지관을 오갔는데, 내가 본관에 있으면 지관이 흔들리고, 내가 지관으로 가면 본관이 흔들렸다. 11개월 만에 '아차, 수렁이구나!' 싶어 손실을 보더라도 빨리 손을 떼야겠다고 결심했다.

당시 건물을 임대해 준 매니지먼트회사에 더이상 상황을 감당하기 어려우니 이해해 달라고 하자 그 곳은 자리가 좋아 금방 다른 사람에게 세가 나갈 테니 아무 걱정 말라고 해서 고마운 마음으로 열쇠를 반납했다. 그런데 3년 후 뜻밖의 통지서가 날아들었다. 임대기간이 5년이었는데 중간에 도장을 접고 나가 내지 않은 임대비 12만 달러를 내라는 통지서였다. 그 사이 아무도 들어오지 않아 내게 손해비용을 청구한 것이다. 변호사를 사서 좀 싸게 합의를 보긴 했는데 투자비용과 소송비용까지 이래저래 10만 달러 이상을 날렸다. 준비 없이 지관을 열었다 원투 스트레이트를 제대로 먹은 셈이다.

당시로서는 써보지도 못 하고 날린 큰돈인지라 너무 아깝고 힘들 긴 했지만 비싼 수업료를 지불한 것이라 생각을 고쳐먹었다. 덕분에 '아, 준비란 철저히 해야 되는구나!' 하는 깨달음을 얻은 것이 후일에 정말 좋은 약이 되었다.

지금 시스템에는 어림도 없지만 그 후에 첫 번째보다 많은 준비를 해서 다시 도장 하나를 더 냈고 큰 어려움 없이 자리를 잡았다. 그때 마케팅과 세일즈 능력과 잘 가르치는 서비스가 있어야 하고, 이 모든 것을 총괄할 시스템을 갖춰야 함을 배웠다.

처음 시라큐스에 열었던 도장.
어려운 지역이어서
자리를 잡기까지
고생이 많았다.

감동의 포트폴리오

　시라큐스에서 버팔로로 이전한 것은 1990년대 초였다.

　그렇게 2개의 도장에서 400여 명을 가르치다 보니 더 큰 도시로 가고 싶은 욕심이 생겼다.

　당시에 버팔로와 보스턴 두 도시를 놓고 센서스 자료를 사서 시장조사를 하며 저울질을 하다가 버팔로에 꽤 좋은 자리를 발견했다. 반가운 마음에 빌딩 매니지먼트회사에 전화를 했더니 무술 도장 따위에는 자리를 줄 수 없다고 일언지하에 거절당했다.

　아쉽게 돌아와 건축개발을 하는 친구에게 상의했더니 포트폴리오를 상세히 만들어 가보라고 조언해 주었다.

　그래서 우리 도장에 대한 사진자료도 모으고 내 경력도 적어넣고 내가 하는 교육이 이런 것이고, 이 정도 규모의 사업을 하고 있다는 포트폴리오를 만들어 그 회사의 부사장에게 연락을 했다.

　굉장히 큰 회사였는데 일단 만나보고 나서 "노(No)" 하면 군말 없이 돌아설 테니 한 번만 보자고 했다.

　어렵게 허락이 떨어져 내심 긴장을 하고 갔는데 얼굴을 마주대고 차근차근 설명을 하니 믿음이 갔는지 "오케이" 대답이 돌아왔다.

"이럴 거면 처음엔 왜 거절을 한 겁니까?"

"우리 회사에서 관리하는 빌딩 중에 무술 도장 몇 곳에 렌트를 준 적이 있었는데 다들 임대료 문제로 어려움을 겪는 등 전적이 아주 안 좋았어요. 그래서 무술도장에는 자리를 내주지 말라는 내규가 정해졌답니다."

사소한 관심이 만든 거대한 결과

　버팔로는 인구 100만 도시였다. 처음 버팔로에 발을 들여놓으면서 도장 수련생이 400명이 될 때 지관을 열어 3개까지 만들겠다고 생각하고 지도를 펼쳐놓고 위치까지 정해 놓았다. 마음을 먹었던 처음 계획대로 3년마다 도장이 하나씩 늘어났고 그렇게 3개를 차리고 나니 그 다음이 보여 4개가 되고 5개가 되었다. 그러다가 아예 꿈꾸던 태권도 전용수련장으로 1만 평방피트 건물 2개를 지어 입주했다.

　5번째 도장은 과연 이런 곳에서 도장이 될까 하는 동네였지만 거기서도 완전히 자리를 잡았다. 그런 곳에서도 되는 것을 보니 확신이 생겼다.

　'지역사회가 우리 교육에 반응하는구나. 태권도에 대한 인식이 깊이 뿌리내리고 있어!'

　더 도전해도 되겠다는 확신이 생겨 앞으로도 버팔로에 2, 3개 정도 더 도장을 열수 있지 않을까 생각하고 있다.

　3년에 400명이면 아주 빠른 속도인데 어떻게 가능했을까. 일단 사범과 스태프들의 팀워크가 아주 좋았다. '최고의 태권도를 가르치는 도장이다.' 라는 자부심을 모두가 공감하면서 일했다. 도장 분위기가 좋으면 수련생 사이에 동료애가 더 끈끈해진다. 도장을 다니는 즐거움이 커지고 그것이 그대로 입소문으로 연결되는 것이다.

도장을 차리고 한 달도 안 되었을 때인데 아이 다섯을 데리고 도장을 찾은 부부가 있었다. 갓난 막내딸을 제외하고 온 가족이 함께 수련할 수 있는지 물었다.

"아기가 참 예쁜데 이름이 뭡니까? 돌 지난 지 얼마나 되었습니까? 한번 안아봐도 되겠습니까?"

괜찮다고 하기에 웃으며 안아주었다. 그런데 다음 날 6,500달러를 일시불로 지급하고 온 가족이 입관했다.

"사범님이 아이들에게 깊은 관심을 가져주는 것을 보니 믿어도 되겠다는 생각이 들었습니다."

아버지가 외과의사였는데 태권도를 시작하고 나서 조그만 수첩에 한국말을 써 가지고 다니면서 병원에서 만나는 한국 사람들에게 한국어로 말을 걸며 연습하는 것으로 유명했다. 지금은 고인이 되셨지만 그분의 손자가 검은띠 심사를 앞두고 열심히 수련하며 할아버지의 대를 이어가고 있다. 갓난둥이에게 보인 작은 관심이 이렇게 대를 이은 인연이 된 것이다.

미국은 다민족 사회다. 각자가 서로 다른 직업을 가지고 있더라도 같은 민족끼리의 종교적, 문화적 공간들을 가진다. 그러다 보니 예를 들어 인도사람이 태권도를 해보고 맘에 들면 줄줄이 인도사람들이 도장 문을 열고 찾아온다.

미국에도 발넓은 극성맘들이 있어 그야말로 동네방네 도장을 선전하고 다니면서 많은 사람을 데리고 오기도 한다. 그렇게 어느 누

구에게나 좋은 태권도 도장의 역할을 잘 감당할 때 많은 사람으로
부터 소중한 지원을 받게 된다.

지고 이기는 지혜

월드클래스가 자리 잡기까지 모든 일이 순조롭게만 진행되지는 않았다. 계획대로 첫 도장이 3년 만에 400명을 채우고 나자 마음 먹었던 두 번째 장소에 도장 계약을 했다. 그때도 같은 빌딩매니지먼트회사가 관리하던 건물이었는데 이미 나에 대한 신용이 쌓여 자기네가 관리하는 빌딩이라면 어디든지 자리만 정하면 된다고 해서 8,000달러의 계약금도 치렀다.

처음 버팔로에 발을 들여놓았을 때 나보다 연배가 높은 사범 한 분이 도장을 하고 계셨는데 공교롭게도 새 건물 계약을 치른 다음 날 그 분한테서 전화가 왔다.

"정 사범을 보니 나도 도장을 잘해봐야겠다는 마음에 용기가 생겼소. 그래서 도장을 다시 하나 차리기로 했소!"

기쁜 마음으로 축하를 드렸다.

"장소를 어디로 정하셨습니까?"

그런데 하필 내가 새로 계약한 건물에서 100m도 떨어지지 않은 옆 빌딩에 공사를 시작했다고 했다.

난감했지만 '이것은 내가 물러서야 할 상황이로구나!' 하고 마음에 결정을 내렸다. 에이전트에게 전화를 걸어 그 분과 경쟁할 마음이 없으니 계획을 수정하자 하고 3번째 도장 자리로 마음을 두고 있던 동네로 자리를 옮겼다. 선배님께서도 그런 내 결정을 아시고 고마워하셨는데 2년 후에 안타깝게도 도장 문을 닫으셨다. 그래서 나중에 3번째 도장이 그 지역에 들어서게 되었다. 그때 선배님과 얼굴 붉힐 만한 일을 만들지 않은 것은 두고두고 잘했다고 생각한다.

내 도장 짓는 세 가지 조건

멋진 자기 건물을 갖고 그 안에 도장을 여는 것은 아마 모든 사범의 꿈이 아닐까 싶다. 독립 건물에 넓고 쾌적한 시설을 갖춘 멋진 도장을 소유하는 일은 노력하기에 따라 얼마든지 가능한 꿈이다. 이런 도장을 갖기 위한 전제조건이 있다.

첫째, 현재 수익성이 좋은 도장을 운영하고 있어야 한다. 건물을 구입하거나 새롭게 짓기 위해서는 경제력이 뒷받침되어야 한다. 수익성 좋은 도장을 운영 중이고 새로운 건물로 수련생들과 함께 이전해 들어가면 여러 문제가 한꺼번에 해결된다.

둘째, 장소가 좋아야 한다. 10년, 20년이 지나도 건물의 부가가치가 생길 수 있는 곳이라야 한다. 내가 쓰고 남는 공간을 임대할 수 있는 상가건물이면 부가가치가 더 높을 것이다. 김우섭 사범이 얼마 전 그런 멋진 상가를 갖게 되었다. 기쁜 일이다. 이런 장소가 아니라면 오히려 건물에 묶여 옴짝달싹할 수 없는 상황이 생길 수 있다. 도시계획이 바뀌어 반대편에 신(新)시가지가 형성되면 건물에 매여 옮길 수도 없는 처지가 되고 만다.

셋째, 내 소유의 건물을 가지겠다는 목표를 가지고 주위를 잘 살피고 준비하다 보면 틀림없이 좋은 방법이나 기회가 오게 마련이다. 건물이나 땅을 매입하는 방법은 생각보다 다양하기 때문에 힘들더라도 포기하지 않는 것이 중요하다. 매물이 없다고 마냥 기다릴 것이 아니라 유능한 부동산 에이전트를 활용해야 한다. 유능한 에이전트라면 여기저기를 두드려 지속적으로 가능성을 타진할 것이고 마침내 좋은 거래를 만들어낼 것이다. 지금 도장을 잘 운영하고 있고 자기 도장을 갖고자 하는 열망이 있으면 좋은 지역을 물색해 끊임없이 방법을 찾아내야 한다. 틀림없이 자기 소유의 멋진 도장을 갖게 될 것이다.

시행착오의 선물

　새 건물을 짓기보다는 이미 사용되고 있는 건물을 사는 것이 쉽지 않을까? 기존 건물을 매입하는 것보다 새로 짓는 경우 자신이 원하는 모습을 반영해야 하기에 많은 부분에 신경써야 한다. 공사 중 여러 변수가 작용할 수 있어 추가되는 공사 기간이나 비용이 발생해 여러모로 더 힘이 든다. 나도 첫 도장을 지을 때 시공사의 실수로 공사에 차질이 생겨 애를 많이 먹었다. 다시 한 번 기회를 준다면 잘할 수 있다는 시공사의 다짐과 공사비가 그럭저럭 마음에 들어 2번째 도장도 같은 회사에 맡겼다가 또 한 번 고생을 했다.

　기초공사를 끝내고 맞춤형 철근이 도착하면 바로 건물이 올라갈 줄 알고 잔뜩 기대했는데 철근 주문이 제대로 되지 않아 공기가 3~4주 늦어질 것이라는 어처구니없는 소식을 들었다. 첫 공사 때도 시공사의 안일한 태도 때문에 고생하고도 그때 배운 교훈을 무시했던 것이다. 혹독한 우여곡절을 겪은 후에야 두 번째 도장을 완공할 수 있었다. 시행착오와 시련은 누구나 거쳐야 하는 과정이다. 다만 이 과정을 통해 더욱 단단하고 민첩해지며 더 깊고 세밀한 것까지 보는 안목을 얻게 된다.

청출어람

월드클래스에서 나와 함께 고락하다 독립해 도장을
경영하고 있는 사범들의 사례를 소개한다.

"가장 사랑하는 태권도를
가장 사랑하는 자식에게 가르쳐라"

김우섭 사범 (Tiger Kim's World Class Tae Kwon Do)

나는 용인대 태권도학과를 졸업하고 현재 미국 노스캐롤라이나에서 도장을 운영하고 있다. 1998년 개관해 총 6개 지관, 60명의 사범 및 스태프, 약 2,100명의 수련생이 있다. 정순기 관장님과의 인연은 코리안 타이거, 안학선 관장님 소개로 1994년 뉴욕에서 시작되었다. 정 관장님과 우리 사범들은 매주 화요일 수련시간을 가졌다. 관장님께서 보여주신 절도 있는 아래막기 하나, 주먹지르기 한 번은 강한 인상을 주었다. 간단한 동작으로도 태권도에 대한 열정을 보여줄 수 있다니! 그 후 나도 가르칠 때마다 어떤 화려한 기술이 아닌 관장님의 아래막기, 주먹지르기 한 번을 기억했다. 학생들에게 사범의 시범 한 번 한 번이 중요함을 깨닫게 하고, 나 역시 그런 임팩트를 가진 사범이 되고자 노력했고, 성실하고 겸손하게 학생들을 가르쳤다. 월드클래스의 가장 큰 장점은 스태프 교육이다. 항상 스태프들을 교육하는 데 힘써 왔다. 정기적인 역할 훈련과 평가를 통해 스태프들의 실력 향상을 도모한다. 월드클래스는 태권도 수업을 가장 중시한다.

기본기를 튼튼히 다지고 태권도 훈련 자체에서 재미를 만들고자 끊임없이 연구하고 더 나은 수업을 위해 노력을 아끼지 않는다. 월드클래스는 학생 개개인의 발전과 부모의 요구 사항을 충족시킨다. 지속적으로 학부모와 면담을 실시해 부모가 수업과 서비스에 만족하고, 학생들이 부모가 원하는 방향으로 발전하도록 한다. 정 관장님은 내게서 태권도의 고정관념을 깨주시고 진정한 사범의 자세를 갖도록 도와주셨다. 관장님 밑에서 사범생활을 한 것이 인생의 전환점이 되었다.

월드클래스에서 배운 도장 운영의 노하우는 '정직'이다. 땀은 결코 배신하지 않으며 흘리지 않은 땀에는 행운도 없다. 학생과 부모를 속이지 않고 정직하게 도장을 운영하고, 진실된 마음으로 학생과 부모를 대해야 한다. 월드클래스에서 배운 또 다른 노하우는 스태프들과 신뢰를 쌓고 함께 조화를 이뤄야 한다는 것이다. 그러자면 시간이 필요하다. 스태프들이 발전하는 긴 시간 동안 인내심을 가져야 함을 배웠다.

스태프들과 함께 성장하려고 노력해야 한다. 한국 사범들도 꿈과 희망을 갖되 서두르지 않기를 바란다. 쉽고 빠르게 가려고 하기보다는 시간을 들여 열정과 정성을 쏟아 많은 경험을 쌓고, 그 경험들이 몸에 배도록 꾸준하게 노력하기 바란다. 그러면 어느새 좋은 습관을 갖게 되고 그 습관들이 자신만의 철학과 신념으로 형성될 것이다. 무엇이든 배우는 데 시간을 아끼지 말고 수박 겉 핥기 식이 아니라 전문성을 쌓기 바란다. "가장 사랑하는 태권도를 가장 사랑하는 자식에게 가르쳐라." 관장님께서 내게 늘 하신 말씀을 따라 우리 아이들도 태권도를 배움으로써 보람과 행복을 느끼고, 태권도 발전에 조금이나마 기여하게 되었다. 지금도 관장님께서 한결같이 보여주시는 태권도에 대한 열정을 존경하고 사랑한다. 관장님께서 이루신 월드클래스의 업적에 누가 되지 않도록 노력할 것이다. 아메리칸 드림이 실현될 수 있도록 인도하고 가르쳐 주신 관장님께 다시 한 번 감사드린다.

"조급함에 지지 말고
이 순간 내실을 기하라"

유은수 사범 (Master Yoo's World Class Tae Kwon Do)

1999년 겨울, 용인대 태권도학과 양진방 교수님의 추천을
받고, 뉴욕주 버팔로의 정순기 관장님께서 경영하시는 월드
클래스에서 사범생활을 시작했다. 관장님께서는 무엇보다
사범들의 인성교육을 가장 중요하게 여기는 분이었다. 사범
으로서 항상 겸손한 자세를 지니고, 학생들을 차별하지 말
고, 스승으로서 제자들 앞에서 당당해 지기 위해서는 순간
의 욕심이나 자신의 안위를 위해 타협하지 말아야 한다고
가르쳐 주셨다. '너무나 당연한 얘기 아닌가?', '누구나 그렇
게 하지 않나?' 하고 생각할지 모르지만 가장 기본적인 것
을 자주 잊고 행동하는 것이 우리의 모습이 아닌가 싶다. 관
장님의 가르침 속에서 보낸 7년의 사범생활은 무엇과도 바
꿀 수 없는 소중한 시간이었고 지금의 나를 있게 한 밑거름
이 되었다.

나에게는 모든 일이 아주 천천히 일어났다. 동료 사범과 선
후배들이 앞다퉈 도장을 여는 모습을 볼 때마다 나는 너무
늦는 게 아닌가 조바심도 났지만 인내심을 가지고 내실을 기
하고 자기발전에 힘쓰는 시간으로 삼았다. 성공을 향한 부푼
기대, 그에 못지 않은 부담을 안고 2007년 미국 인디애나 주
노블스빌(Noblesville)에 도장을 열었다.

우려했던 것과 달리 도장 개관한 첫 달에 70명 가량의 수련생이 등록했고, 1년이 지나자 300명에 달하더니 5년차엔 800명을 넘어서 공간을 넓혀 리모델링까지 하게 되었다. 남들이 2관, 3관 도장을 늘려갈 때마다 나 역시 어서 2관을 열어야 한다는 조급함에 전전긍긍하기도 했지만, 주어진 상황에서 더 잘 준비하자 맘먹었다. 첫 도장을 열고 7년이 지난 2014년 드디어 피셔스(Fishers)에 제2관을 개관했다. 5년이 지난 지금 피셔스 도장의 수련생은 450명을 넘어섰다.

인디애나 카멜, 10,600평방피트 규모의 세 번째 도장

2007년 인디애나 노빌스빌, 첫 번째 도장 개관식

　피셔스 도장도 협소한 지경에 이르러 근처 땅을 매입해 확장했다. 미국에서 도장을 경영하는 사범들의 가장 큰 소원이 자기 도장을 직접 건축하는 것이다. 관장님께서는 이미 오래전 버팔로에 단독 건물을 짓고 학생들이 수련에 집중할 수 있는 훌륭한 시설을 만드셨다. 그 과정을 처음부터 끝까지 지켜본 나에게는 관장님처럼 도장을 짓는 것이 꿈이 되었다. 2012년부터 도장 건축을 위해 눈여겨 본 부지가 있었지만, 땅주인이 팔지 않겠다 하고, 나중에 팔기로 맘먹은 후에도 계속 계약이 성사되지 않았다. 거의 포기했다가 2017년 12월 드디어 그 땅을 매입해 올 5월 카멜(Carmel)시에 그토록 고대하던 10,600평방피트 규모의 'MASTER YOO'S WORLD CLASS TAE KWON DO' 간판이 걸릴 도장을 완공했다.

카멜에 도장을 열겠다고 계획을 세운 지 7년이 지나서였다. 긴 시간이 걸렸지만 그만큼 준비를 잘 할 기회가 되었다. 벅찬 감동과 감사를 정 관장님께 전해드리고 싶다. 실망하고 좌절했던 순간들, 간절이 원하면서 기다림에 지쳐가는 시간들에 항상 관장님의 격려와 위로가 있었다. 그 안에서 배운 인내심과 시간을 허투루 낭비하지 않는 훈련이 중간에 포기하지 않고 계속 노력하는 원동력이 되었다.

요즘 가장 고민하고 힘쓰는 부분은 사람들과의 관계다. 도장 규모가 커지면서 더 많은 사람과 소통해야 하고, 갈등요소도 늘어나게 마련이다. 그럴 때마다 '관장님이라면 이럴 때 어떻게 하실까?' 생각해 본다. 그러면 의외로 문제가 간단하게 풀리곤 한다. 그래도 모르면 관장님께 전화를 드린다. 관장님께서는 "나이를 떠나 무조건 상대방을 존중하라.", "상대방 입장을 최대한 이해하도록 노력하라.", "아무리 좋은 목적이라도 부정적인 방법은 쓰지 말라." 하신다. 뜻이 아무리 좋아도 꾸짖음과 비난은 상처만 남길 뿐, 일의 해결이나 사람과의 관계에는 아무 도움이 되지 않는다는 것이다. 확실한 것은 오랜 시간 목도한 관장님의 모습과 그 말씀이 일치한다는 사실이다.

"언제나 모든 학생에게
똑같은 기회와 관심과 사랑을 주게"

양재철 사범 (Master Yang's World Class Tae Kwon Do)

텍사스 어스틴에서 도장을 운영 중이다. 2014년 개관했다. 1관에 약 582명 수련생과 50여 명의 체험수련생(Trial Member)이 있고, 최근 오픈한 2관에는 70여 명의 체험수련생이 있다. 23명의 스태프가 함께하고 있다. 공인 6단인 나는 1994년 국가대표 선수가 된 이래 아시안선수권대회 페터급 1위, 이집트국제태권도대회 페터급 1위(1995), 국가대표 시범단(1995, 브라질, 아르헨티나, 칠레 방문), 크로아티아오픈컵 라이트급 1위(1996), 멕시코오픈 라이트급 1위 및 최우수 선수상 수상(1997), 베트남오픈 라이트급 1위(1997)를 차지했고, 그밖에 각종 국내외 겨루기대회에서 입상했다. 2000년 시드니올림픽 사우디아라비아팀 감독도 맡았다.

정순기 관장님과의 인연은 1992년으로 거슬러 올라간다. 한국체대 1학년 때 정동구 학장님과 이승국 지도교수님께서 학생 10명을 데리고 멕시코와 미국 동부에 갔는데, 나도 포함됐다. 그때 시라큐스에 있는 정순기 관장님 도장을 방문한 것이 첫 만남이었다. 두 번째는 실업팀으로 춘천시청에 있을 때 춘천이 고향이신 관장님께서 우리 실업팀에 방문하셔서 저녁식사를 함께 한 것이다. 세 번째는 2003년 경원대에서다. '도장 오픈' 관련 세미나에 참석했을 때 관장님께서 오셔서 내게 많은 깨달음을 주셨다.

미국에 오게 된 이유는 한 가지, '태권도를 가르치고 싶어서'였다. 한국에서 도장을 7년 동안 운영했다. 용인에서 '한국체대' 간판 달고 제일 안 좋다는 자리에서 250명을 지도하며 꽤 잘 되고 있었지만, 경쟁이 치열해지고 시대가 변함에 따라 수련보다는 레크레이  션, 음악태권체조, 음악줄넘기, 학교체육을 더 신경써야 했다. 세미나에 가봐도 '어떻게 태권도를 잘 가르칠까?'가 아니라 '어떻게 더 재밌게 해줄까?'가 주제였다. 사범이 아니라 레크레이션 강사, 운전기사로 느껴지기까지 했다. 도장을 연 것을 후회했다.

그러던 중 정순기 관장님의 월드클래스를 알게 되었다. 정말 다른 세상이었다. 용인대 곽택용 교수, 단국대 진승태 교수, 전 멕시코 태권도 대표팀 방영인 감독 등과 저녁식사를 하는 자리에서 다들 정 관장님의 월드클래스 도장 얘기를 했다. 월드클래스 출신 사범들이 100% 성공한 비결을 듣고, 내가 원하던 도장이 월드클래스임을 알게 되었다. 태권도만 해도 도장이 성공할 수 있고, 빔프로젝트를 쓰지 않아도 수련을 통해 인성교육을 할 수 있음을 알게 되었다. 월드클래스에 가기로 결심했다.

이승국 은사님(전 한국체대 총장님) 도움으로 2009년 버팔로에서 한 달 동안 인턴십을 하고, 정 관장님 허락으로 이듬해 서른여섯에 아내와 어린 두 아들을 데리고 이민 왔다. 미국에 와서 많은 관장님과 사범이 미국에서나 한국에서나 왜 정 관장님을 존경하는지 알게 됐다. 관장님의 태권도 사랑은 대단했다. 태권도의 가치를 끌어올리려는 열정이 젊은 우리를 부끄럽게까지 했다. 겨루기, 시범, 품새 등을 함께 하시며 훌륭한 사범이 되라고 강조하셨다. 관장님께 배운 후로는 태권도 수련하기 앞서 줄서기, 차렷자세, 인사하는 법, 상대방한테 자기소개 하는 법, 구령 잘하는 법, 기본 서기, 기본 발차기, 기본 손동작 등 수련에 필요한 모든 것에도 뜻이 있어 허투루 할 수가 없었다.

하루는 한국 사범 몇이 미국에 온 지 얼마 안 돼 영어로 수업하는 것을 힘들어하자 관장님께서 한 명 한 명씩 한국말로 수업을 해보라고 했다. 한국말로 준비운동부터 했는데 다들 깜짝 놀랄 일이 벌어졌다. 한국말보다 영어가 많이 튀어나오고, 오히려 영어가 더 쉬울 정도로 한국말로 하는 수업이 힘들다는 걸 알게 되었다. 그때 관장님께서 말씀하셨다.

"그것 봐. 영어가 부족해서 힘든 게 아니잖아? 아직까지 자네들이 태권도 수업을 이해하지 못하고 있고, 수련에 대한 공부도, 계획도 없기 때문이네."

뒤통수를 한 대 맞은 것 같았다. 그 후 수업을 연구하고 철저히 준비해 체계적인 수업을 만들기 위해 노력했다.

항상 관장님께서는 우리에게 말씀하셨다.

"준비된 자세로 임하라. 그런 자세로 학생과 학부모를 대하라."

2년차에 관장님께 질문을 하나 한 적이 있다.

"미국에는 장애학생이 많은 것 같습니다. 발가락이 하나 없는 아이, 팔 한쪽이 없는 아이, 정신지체아, 자폐아, ADHD……. 한국 도장에는 그런 학생이 거의 없는데 왜 미국에는 많은 걸까요?"

관장님께서 말씀하셨다.

"허허, 그런가? 한국에는 장애인들이 없나? 있는데 다른 특수시설에 보내는 게 아닐까? 미국에서는 장애아들이 특별하지 않다네. 그 친구들도 다른 스포츠를 많이 했을 텐데, 유독 태권도장에 많이 보이는 이유가 무엇이겠나? 바로 사랑과 기회를 공평하게 주기 때문이지. 모든 학생에게 관심을 표현하고 격려해주고 같이 땀 흘리면 그 부모들이 우리를 믿고 많은 돈이 들어도 자녀한테 투자한다네. 그 돈이면 자동차를 한 단계 업그레이드할 수 있는데도 돈은 물론이고 도장에 오는 시간, 기다리는 시간, 집에 가는 시간까지 기꺼이 투자하는 것이지! 그러니 어떻게 사범이 수업을 대충대충 할 수 있겠나? 언제나 모든 학생에게 똑같은 기회와 관심과 사랑을 주게."

바보 같은 질문을 했구나 하는 마음에 너무 창피했다. 하지만 깨달았다. 어떤 마음으로 학생들 앞에 서야 하는지.

월드클래스에서는 희열과 감동과 태권도의 멋을 느낄 수 있다. 모든 사범과 학생과 학부모가 서로 신뢰하며 태권도를 사랑하게 되며 언제나 최선을 다한다. 학생들도 사범들도 밝은 미래가 보인다. 관장님께서는 미국에 오는 사범은 겨루기, 시범, 품새, 어느 분야 출신이든 훌륭한 리더가 될 수 있고, 그렇게 될 수 있도록 영감과 기회를 주시는 분이다. 많은 사람이 얘기한다.

"월드클래스 출신은 어디 가서도 항상 성공한다."

도장을 오픈하면서 학부모들에게 많이 들은 얘기가 "월드클래스는 다른 도장과 비교해 디테일에서 차이가 난다"는 것이다. 학생들에게 조금 더 관심을 가지고 조금 더 잘할 수 있게 격려해 주면서 끊임없이 관심 표현을 한 게 도장이 성공한 계기가 되지 않았나 싶다. 태권도장은 태권도만으로도 충분히 경쟁력을 가지고 있고 성공할 수도 있다. 태권도는 그 안에서 인성교육이 가능하고 학생들은 즐겁게 최선을 다하는 습성을 키울 수 있다. 그것을 버팔로뿐 아니라 많은 월드클래스 출신 사범이 미국 전역에서 입증했고 지금도 하고 있다.

관장님은 아버지 같은 분이다. 내가 나이가 많아서 미국에 왔지만 끝까지 믿고 격려해주시면서 우리 가족에게도 많은 사랑을 주셨다. 나 또한 후배, 제자들에게 그 사랑을 주려 한다. 관장님께서 세미나와 강연을 통해 태권도가 정말 가치 있는 무도임을 널리 알려주셨으면 좋겠다.

교수의 꿈을 접고 미국으로 오게 한
숙명 같은 사범의 길

문정훈 사범 (Master Moon's World Class Tae Kwon Do)

나는 부산에서 자라 영남중, 금정고, 동아대, 상무팀, 양산시청에서 세계주니어선수권 1등 각종 국내 대회 정상 세계 군인선수권대회 1위 등 나름대로 화려한 선수생활을 했다. 양산시청에서 선수생활을 하면서 동아대 교육대학원 석사과정을 밟으며 '교수의 꿈'을 향해 달려가고 있던 중 양진방 교수님 추천으로 미국에 오게 되었다. 그동안 이끌어주신 김우규 교수님과 상의 끝에 교수의 꿈을 접은 것이다. 2004년 10월 버팔로에 사범으로 올 때는 가족과 친구를 떠나 미국으로 혼자 간다는 게 두려워 많은 용기가 필요했지만, 세계 최강국 미국에서 태권도를 가르칠 기회가 얻었다는 게 내겐 큰 행운이었다. 대회 출전 경험이 많았던 나는 어떤 지도자보다 잘할 자신이 있었다.

2004년 10월 22일 버팔로에 도착했다. 총 4개의 도장에 2,000명 가까운 수련생이 있었다. 나는 도착하자마자 수련생이 600명에 달하는 본 도장에서 지도하게 되었다. 훌륭한 사범, 스태프, 매니저가 많았고, 커리큘럼도 너무 잘 되어 있었다. 더 큰 목표와 도전의식이 생겼다. 처음엔 부담이 컸다. 초보 사범에 영어도 되지 않고 시스템도 잘 몰라 첫 한 달은 도장이 어떻게 돌아가는지 지켜봐야 했다.

조금 후 나는 시범을 보여 수련생들을 감동시켜야 했다. 그때 내가 가장 잘 할 수 있는 것이었다. 버팔로도장은 모든 것이 시스템에 맞춰져 있었다. 매뉴얼대로 동작을 지도하면 되긴 했지만, 나는 영어가 전혀 되지 않아 저녁마다 영어를 공부해야 했다.

한국 사범 1명, 매니저 1명, 보조매니저 2명, 그리고 고등학생이나 대학생 보조사범 6명은 포지션에 따라 일과가 주어졌다. 안내데스크에서 일하는 직원은 주로 전화상담과 입관문의, 그리고 학부모에게 필요한 인포메이션을 담당하고, 매니저는 입관 학생 상담을 통해 두 번 개인 레슨을 한 후 수업에 무리 없이 참여하도록 방향을 잡아주었다. 그러면서 등록시켰다. 한국은 초등학생 위주로 태권도를 하지만 미국은 4세부터 65세까지 남녀노소 모든 사람이 즐긴다. 수련 프로그램도 한국과 전혀 다르다.

버팔로에서 정순기 관장님의 훌륭한 지도를 받고 2012년 4월 16일, 미네소타에 드디어 나의 도장 'Master Moon's Taekwondo'를 오픈했다. 짐을 싣고 운전해 오는 내내 걱정 반 기대 반이었다. 버팔로에서 쉬지 않고 16시간 30분을 달려 온 미네소타는 미국에서 가장 추운 도시였다. 하루, 한 달, 일 년을 열심히 하다 보니 어느덧 엄마들 입소문으로 학생들이 도장에 많이 방문했다. 학생들에게 최선을 다하니 당시에는 등록을 못해도 다시 찾아오기도 하고, 친구들에게 소개해 주기도 했다.

그래서 그만두는 학생들에게도 끝까지 최선을 다했다. 현재 도장 2개를 운영하고 있으며 현재 수련생 550명이 넘는다. 사범생활을 할 때부터 뚜렷한 목표가 있었기 때문에 힘들어도 달려갔다. 너무 힘들 때도 있었고 너무 감동적인 날도 많았고, 정말 이런저런 일이 많았다. 지금껏 참고 할 수 있었던 나의 인내는 정말 버팔로 최고의 도장에서 배웠기 때문에 큰 목표를 설정하고 여기까지 달려왔다. 관장님은 항상 "버팔로는 항상 태권도사관학교 한국의 육군사관학교와 같다"고 자부하셨다. 그것은 사실이다. 나는 선수생활을 오래 해서 품새, 일수식, 호신술 등 전혀 모르고 미국에 와서 관장님의 지도 아래 훌륭한 태권도 사범이 될 수 있었다. 관장님은 한 마디 한마디에 철학이 담겨 있었다. 동작 하나에도 공감이 되었다. 우리에게 항상 책을 많이 읽으라고 조언해 주시고 부족한 점이 많은 우리에게 기회를 주시고 성장할 시간을 주셨다. 관장님은 정말 대단한 분이시다.

Letters

"월드클래스와 정 사범님은
나의 두 번째 고향이자 가족"

마르고 와트(Margot L. Watt)

나의 태권도는 17년 전 뉴욕 윌리엄스빌에 있는 정순기 관장님의 월드클래스에서 시작되었다. 당시 나는 서른아홉 살이었고, 올해 55세 나이에 4단을 땄다. 나는 변호사이자 3남매의 엄마, 29년째 함께한 남편의 아내다. 아이들 모두 정 관장님에게 태권도를 배워 블랙벨트를 땄다.

태권도는 내 인생의 큰 부분을 차지해 왔다. 나는 사람들에게 "월드클래스는 나의 제2의 고향이고, 정 관장님은 가족"이라고 말한다. 월드클래스에서 한국에서 온 뛰어난 사범들과 함께 훈련했고, 한국 문화를 배웠으며 나 같은 전업주부인 친구들도 사귀었다. 정 관장님의 프로그램은 훌륭하다. 월드클래스에서는 어른들에게도 태권도 수련을 시작하라고 권장한다. 나는 태권도를 시작할 때 몸매를 관리하는 것뿐 아니라 꾸준히 노력할 만한 목표를 찾고 있었다. 이스트 애머스트의 많은 사람이 나 같은 이유로 태권도를 택한다. 우리가 태권도 시범단까지 되지는 않겠지만, 우리는 수련하며 자신을 밀어붙이는 것을 즐긴다. 월드클래스에서 우리는 대가족 같다. 서로 응원하고, 함께 웃고, 서로 격려한다.

이런 환경은 모든 수련생 사이에 특별하고 끈끈한 관계를 형성한다. 정 관장님과 사범들, 매니저들은 아주 전문적이다. 그들은 성인 수련생들의 요구를 이해하고 우리의 태권도 실력 향상에 도움을 주기 위해 끊임없이 우리와 함께 시간을 보낸다. 4단 승단시험을 준비할 때 함께했던 사범님들은 나에게 너무나 많은 격려와 관심을 주었고, 그래서 나는 최선을 다할 수 있었다. 그들의 응원은 나에게 매우 중요했고 내가 실력 발휘를 할 수 있게 한 원동력이었다. 월드클래스의 수련생들은 지역 어린이병원을 위한 모금, 자원봉사, 학교대회를 통해 지역사회 활동에 적극적으로 참여한다. 우리는 지난해를 기념하고 새해를 맞이하기 위해 연초마다 연회를 연다. 훌륭한 음식과 우정으로 가득 찬 저녁이다. 정 관장님의 월드클래스는 유일무이한 존재다. 앞으로도 계속 이곳에서 그들과 함께 훈련하고 5단을 따기 위해 최선을 다할 각오다.

"아이들과 함께 수련하는 것은 바쁜 부모에게 매우 중요하다"

엘렌 리치(Ellen P. Rich)

2006년 1월 2일 나는 태권도를 시작했다. 15년이 지난 지금, 나는 나에게 묻는다. "어떻게 태권도가 내 삶에서 이토록 중요한 부분이 되었을까?" 나의 우선순위를 말하자면 네 아이, 내과의사(practicing physician), 임상교수(clinical teacher), 남편, 그리고 태권도다. (남편은 태권도와 본인의 순서가 바뀌었다고 생각한다.) 태권도를 시작했을 때 나는 태권도에 대해 전혀 아는 바가 없었다. 아이 셋이 월드클래스 생일파티에 다녀와서 태권도를 해보고 싶어했다. 1년 후 막내 조(Zoe)가 태어난 후 나도 도장에 나가기로 결심했다.

나는 왜 13년이나 수련을 계속하고 있을까? 동작의 정확도를 높이기 위한 육체적 도전이기도 했고, 태권도가 주는 아드레날린을 얻고도 싶었다. 물론 나는 그런 효과를 다른 운동에서도 경험할 수 있었다. 대학시절 축구도 했던 나는 운동을 하면 기분이 좋았다. 그러나 내가 월드클래스에서 태권도를 하는 더 큰 이유는 이곳 사람들이 내 삶의 한 부분이 되어버렸기 때문이다. 어른들은 아이들의 멘토가 되고 아이들이 생활과 인생의 기준을 설정하는 것을 돕는다. 수련생들은 교육 중 서로 돕고 태권도 외 다른 문제나 어려움에 대해서도 서로 지원을 아끼지 않는다.

우리는 서로 존중하는 환경 속에서 하나의 큰 가족으로 각자의 목표를 달성하기 위해 여기 있다. 아이들과 함께 수련할 수 있는 것은 바쁜 부모에게 매우 중요하다. 아이들이 도전하고 성취를 나누는 것은 매우 뜻깊은 일이다. 지난 6년 동안 막내딸 조와 함께 수련했다. 이스트 앰허스트 커뮤니티는 우리 삶에 없어서는 안 될 중요한 존재다. 다양한 세대와 종교의 학생이 공존한다. 조가 수줍은 초등학생에서 자신감 있는 10대로 발전하는 것을 보면서 태권도가 더욱 소중해졌다. 나의 태권도 여정의 하이라이트는 아들 엘리엇과 함께 훈련하고 1단 승단시험을 보고, 딸 레이첼과 아들 조나단이 1단 블랙벨트를 따기 위해 파트너가 되는 걸 보고, 토요일 아침 이스트 앰허스트에서 가장 좋아하는 강도 높은 수업을 위해 새로운 사범님을 만나고, 시범팀 경기에서 이스트 앰허스트를 위해 있는 힘껏 소리치며 응원하고, 블랙벨트 승단시험을 마친 선수들에게 꽃을 전달하고, 내 친구와 훈련 파트너가 55세에 태권도 사범이 되는

것을 보는 것이었다. 13년 전 나는 건강을 유지하면서 아이들과 즐겁게 놀기를 원했다. 태권도를 통해 훨씬 더 많은 것을 얻었다. 정 관장님을 비롯해 사범들과 스태프들이 우리 가족에게 그런 환경을 만들어 준 것에 감사를 드린다.

"태권도는 어떻게 우리 일곱 식구의
행복이 되었나?"

다이사드(Dysard) 가족

앤드류, 케이티, 오로라, 키에라. 페이스, 엘레노어, 앤드류 주니어
Andrew, Katie, Aurora, Kiera, Faith, Eleanor, Andrew Jr.

태권도는 우리 가족에게 어떤 의미일까? 태권도는 훈련과 대화 속에서 서로 도울 방법을 알려주었다. 개인적으로도 가족관계에서도 변화를 느꼈다. 건강하게 자신감을 가지고 서로 돕는 경험은 우리에게 큰 힘이 되었다. 태권도는 긍정적인 공동체 안에서 체계를 세우고 우정을 나누게 해주었다. 자기 수련과 존중은 일상에서 가르쳐 온 규율 중 하나다. 인내심 있는 훌륭한 사범들의 도움을 받아 우리 가족은 성장하고 있다. 태권도는 앞으로도 우리 가족을 도와줄 비법을 알려줄 것이다.

"아들을 도장에 보냈다가
온가족이 태권도인이 되다"

델프(Delp) 가족

아들 CJ는 10년 동안 월드클래스의 수련생이었다. 이보다 좋은 방과후 프로그램이나 운동은 없었다. 아머스트에서의 수업은 무술 교육을 뛰어넘는다. 돌려차기, 격파, 자세를 수련하는 동안 겸손과 존중에 대한 교육을 받는다. 나는 최근 남편과 딸과 함께 수련생이 되었고, 곧 손자도 태권도를 시작한다. 나는 월드클래스에 감사한 마음을 갖고 있다. 남편은 CJ와 함께 수업을 받는 것을 매우 자랑스럽게 여기고, 딸과 함께 커리큘럼을 배우는 것을 무척 재미있어 한다. 태권도에 대한 우리 아들의 열정은 중독에 가깝다. 아이는 자신감과 결단력을 쌓아가고 있다. CJ의 향후 계획은 지금의 사범 중 한 명과 함께하는 사범이 되는 것이다. 우리 가족은 월드클래스에서 계속 수련하고 성실하게 노력하며 다른 수련생들과 즐거운 시간을 보낼 것이다.

"태권도는 우리 삶의 일부가 되었고, 우리 삶은 분명 나아졌다"

제니퍼, 제레미아, 디클란, 이안 데이브
Jennifer, Jeremiah, Declan, Ian Davie

정순기 관장님의 태권도는 우리 가족의 삶에 너무나 큰 부분이 되어 버렸기 때문에 어디서부터 시작해야 할지 모르겠다. 디클란(Declan)과 이안(Ian)은 세 살 때부터 정 관장님께 태권도를 배웠다. 비앙카는 일주일에 두 번 유치원에 와서 한국어로 숫자 세는 법을 가르쳤고, 세 살짜리가 할 수 있는 최고의 사이드킥과 펀치 시범을 보여주었다. 그 후 아이들은 리틀 타이거즈에 등록해 도장에서 어떻게 행동하고 어떻게 사범을 존중하고 태권도의 기초를 세우는지 배웠다. 거기서 멈추지 않았다. 남편 예레미야도 나와 함께 무예를 배운 적이 있다. 예레미야는 가라테를, 나는 고등학교 때 몇 년 동안 태권도를 배웠다. 둘 다 대학에 진학하거나 새로운 도시로 이사할 때 훈련을 중단할 수밖에 없었던 것을 안타까워했다. 무예를 향한 우리의 사랑은 언제나 우리가 공감하는 것이었다. 그래서 두 아이가 모두 유치원을 마친 후, 나와 예레미야는 월드클래스에 합류했다. 월드클래스에는 우리가 그 동안 만나 본 적 없는 가장 인상적이고 유익한 스승이 있었다. 수련 스케줄이 유연하게 편성되어서 우리 가족의 일정에 맞는 것을 선택할 수 있었다. 집에서 함께 연습할 때 참조할 매뉴얼과 표준화된 프로그램도 있었다.

　　월드클래스는 우리에게 정말 특별한 곳이다. 사범님들은
선생님일뿐 아니라 친구다. 우리는 함께 웃고, 함께 훈련하
지만, 가장 중요한 것은 훈련하는 동안 사범님들에게 우리
가족을 믿고 맡길 수 있는 것이다. 아들 디클란은 헬멧을 쓰
고 하는 겨루기 수업을 매우 두려워했다. 나는 사범님에게
그것에 대해 이야기해 보라 했다.

바로 다음 날 오후 사범님은 데클란에게 때로는 겨루기가 무서울 수 있고, 데클란이 그런 상황으로부터 자신을 보호하기 위해 무엇을 할 수 있는지 개인상담을 하며 15분 동안 좋은 시간을 가졌다. 데클란은 두려움 없이 겨루기 수업으로 돌아갈 수 있었고, 나중에는 이안을 도와주기까지 했다.

다른 사범님은 예레미야와 내가 수업을 듣는 동안 이안이 어떤 비디오 게임을 하고 있는지 관심을 보이고, 수련 중에는 이안의 집중력과 우렁찬 기합소리를 칭찬하면서 수업에 집중할 수 있게 특별히 보살펴주었다.

정 관장님은 또 하나의 가족이 되었다. 우리는 많은 가족을 사귀게 되었고, 아이들은 함께 어울려 놀았고 우리 일상을 풍요롭게 해준 엄청난 동료 수련생들과 사범님들을 만났다. 우리 가족의 삶이 안정되고 성공적으로 태권도 수련을 할 수 있도록 정 관장님과 사범님들이 보여주신 헌신은 우리가 좋지 않은 하루를 보냈을 때조차 블랙벨트와 그 이상을 위해 우리가 계속 노력할 수 있도록 독려해 주었다. 태권도는 우리 삶의 일부가 되었고, 우리 삶은 분명 나아졌다.

"태권도는 도장 안에서뿐 아니라 일상에도 영향을 미친다"

버그너(Bergner) 가족

아들 와이어트가 월드클래스 '키즈생일파티'에 초대받았다. 와이어트는 그 날의 즐거움이 계속되기를 원했고, 우리는 아이를 도장에 보냈다. 몇 달 후 막내 자니도 태권도를 시작했다. 벤치에서 박수치며 응원하다가 우리도 태권도를 해보고 싶다는 생각이 들어 가족이 함께 배우게 됐다. 해나(Hannah), 데이비드(David), 그리고 내가 월드클래스의 일원이 된 것은 우리 가족의 삶을 변화시켰다. 아이들은 부모와 더 가까워지고 부모가 자기들을 격려하는 만큼 부모를 격려해준다. 우리는 서로 독려하며 최고의 수련생이 되기 위해 열심이었다. 정 관장님과 머튼스 사범에게 얼마나 감사한 지 모른다. 조 사범님을 비롯한 훌륭한 사범님들이 우리를 최고의 수련생으로 키우기 위해 노력하는 데 경의를 표한다. 우리는 월드클래스에서 많은 친구를 사귀었다. 새로운 이들이 발을 들여놓을 때마다 즐겁다. 우리 가족이 도장에서 배운 것은 도장 안에서뿐만 아니라 일상에도 영향을 미친다. 아이들이 태권도를 배우며 서로 지원하고 최선을 다하는 모습이 정말 자랑스럽다.

"열두 살의 나는 태권도가 내 삶의 모든 면에 미칠 엄청난 영향을 전혀 알지 못했다"

알렉스 디니노(Alex Dinino)

나는 열두 살에 태권도를 시작했다. 당시 나는 만화 속 히어로와 TV쇼, 특히 화이트 파워 레인저처럼 멋진 모습을 꿈꾸는 버릇없고 제멋대로인 10대 초반 청소년이었다! 18년 동안의 수련과 4단 심사를 앞둔 지금 나는 어느 때보다 수련에 정진하고 있다.

정순기 관장님께서 만든 월드클래스의 독특한 분위기가 없었다면 가능하지 않았을 것이다. 스승과 제자의 얼굴은 많이 변했지만 격려와 존경이라는 핵심 기둥은 오늘날까지 강하게 서 있다. 정 관장님의 비전은 명료하다. 모두에게 '열심히 하는 즐거움'을 가르친다. 열성적인 10대 보조사범부터 뛰어난 한국인 사범에 이르기까지 모두 그 가르침을 따른다.

정 관장님은 수련생이 스스로 최선을 다하도록 독려하는 방법을 찾는다. 태권도를 시작하는 데 나이나 능력은 중요하지 않다. 중요한 것은 블랙벨트 혹은 그 너머를 향해 갈 때 육체적으로, 정신적으로, 그리고 감정적으로 자신을 향상시키는 것이다. 나는 수련했을 뿐만 아니라 오랫동안 스태프로 일하는 기회도 가지게 되었다. 나는 수련생들이 각자 목표를 달성하도록 도와준 좋은 기억을 많이 가지고 있다. 수련생과 학부모들은 태권도가 알려주는 인생 교훈에 늘 감사해 한다.

태권도는 존중, 자기절제, 집중력, 인내심 등 학교에서든 사회에서든 적용할 일상의 귀중한 기술을 갖게 도와주었다. 더불어 우리 자신보다 더 큰 어떤 것의 일부로 얻는 공동체의 식과 동지애 역시 크다.

열두 살의 나는 태권도가 내 삶의 모든 면에 미칠 엄청난 영향을 전혀 알지 못했다. 태권도를 수련하면서 아내도 만났다. 그녀가 없었다면, 10대 청소년으로서, 사범으로서 배운 교훈이 없었다면 나는 지금의 내가 될 수 없었을 것이다. 월드클래스의 정 관장님을 비롯한 사범님들과 친구들, 동료들, 수련생 들에게 무한한 감사를 전한다.

"나를 지금에 이르게 한 것은
태권도에서 배운 기술이다."

사만사 매로시크(Samantha Maroshick, 하버드대 합격)

어린 시절 내내 여러가지 운동을 시도했지만 소용이 없었다. 그러다 8살 무렵 우연히 태권도를 접하게 되었다. 나는 내가 무엇을 하게 될지 전혀 몰랐지만, 학교 방과후 태권도 프로그램을 통해 긍정적인 경험을 한 후 본격적으로 태권도를 시작했다. 10년 간의 수련 끝에 태권도는 의심할 여지 없이 내가 한 최고의 선택이라는 것을 알게 되었다. 나에게 태권도는 과외활동 이상의 훨씬 큰 의미가 있다. 태권도 수련을 해보지 않은 사람들은, 더욱이 우리 도장에서 수련해보지 않았다면, 지난 10년 동안 내가 겪은 혁신적인 변화를 아무리 설명해도 이해하기 어려울 것이다.

어릴 적 태권도의 다양한 요소(파트너드릴, 겨루기, 품새)를 좋아했다. 물론 내 주위에 매력적인 경험을 만들어 내는 데 열정적인 사범님들이 계시기에 가능했다. 2012년부터는 도장 시범단과 함께 공연을 하면서 나는 태권도가 흥미진진할 뿐 아니라 엄청난 자신감을 줄 수 있다는 것을 깨달았고 태권도에 푹 빠져버렸다. 특히, 작은 체구의 소녀인 내가 힘과 자신감을 느낄 기회가 많지 않다. 수천 명 앞에서 요란한 음악과 환호 속에 스무 명의 다른 블랙벨트들과 기합소리를 내는 것은 몇 안 되는 기회 중 하나였다.

나에게 시범단 활동은 내가 갈망하던, 태권도를 실제로 활용할 기회였다. 내가 참여한 비교적 개인적인 이 스포츠는 갑자기 팀스포츠가 되었고, 나는 그 후 7년 동안 전국적으로 경쟁할 기회를 갖게 되었다. 처음에는 위협적인 스포츠라고 생각했지만, 태권도는 끊임없이 향상할 기회와 완벽을 향해 나아갈 무한한 기술을 가진 엄청나게 다차원적인 스포츠라는 것을 내 재능 있는 동료들을 통해 분명히 알게 되었다.

이런 생각은 모든 유형의 교육을 이해하는 데 중요하고, 아마 내가 10년 동안 배운 가장 큰 교훈일 것이다. 배움은 결코 끝나지 않는다. 어떤 일에 참여하는 것과 어떤 것을 가르치는 것은 별개다. 사범님들은 분명 나의 태권도 수련에 영향을 주었고, 그들은 내가 자라면서 본 가장 훌륭한 롤모델이었다. 4년 전 나 역시 보조사범으로 태권도를 가르치기 시작했다. 나를 지지하고 끊임없이 동기부여 해주던 분들과 같은 역할에 발을 들여놓는 데 대한 책임감이 처음에는 나를 두렵게 했지만 누군가를 가르치며 얻게 되는 엄청난 성취감은 나를 자랑스러운 블랙벨트 3단 유단자로 만들었다.

교사로서 단순히 교과과정을 이해하는 것만으로는 충분하지 않다. 우리가 왜 일을 하는지, 정보를 수련생에게 전달하는 가장 좋은 방법은 무엇인지에 대한 종합적인 이해는 필수다. 더 중요한 것은, (무도인으로서뿐 아니라 인간으로서도) 나의 발전에 영향을 주고, 가르친다는 것은 누구든지 성장하게 한다는 점이다.

수련생들은 전혀 다른 능력과 학습 스타일, 성격을 가지고 있다. 그래서 그들의 학습 경험에 관한 한 같은 방식으로 접근할 수 없다. 다양한 학생을 효과적으로 가르치기 위해 필요한 전문성과 의사소통 기술을 가지고 태권도에 대한 나의 지식을 적용하는 법을 배우는 것은 내 인생에서 가장 큰 도전 중 하나였지만, 월드클래스에서 보낸 시간보다 훨씬 더 오래 지속될 자신감을 내게 주었다. 가을에 나는 하버드대에 입학한다. 나는 그곳에서 세계 발전과 제3세계 교육 정책을 공부하고 싶다. 수련들과의 경험을 통해 그게 어떤 종류든, 교육이라는 것이 얼마나 큰 힘을 줄 수 있는지 깨달았기 때문이다. 공부에 전념했지만, 나를 지금에 이르게 한 것은 태권도에서 배운 기술이다. 하버드 면접관 앞에서 내가 추구하고 싶은 것과 열정적인 것에 대해 설명할 때 나는 긴장하지 않았다. 매일 열정을 가지고 가르치는 것에 대해 설명했다. 나는 더 어려운 수업을 듣는 것을 두려워하지 않았다. 새로운 발차기든 새로운 수학이든 무언가를 위해 열심히 하는 것의 이점을 알기 때문이다. 하버드의 엄격함에도 주저하지 않는다. 무언가에 열정을 갖는다는 것은 그 과정에서 마주할지 모를 악전고투의 두려움을 초월하는 것이기 때문이다. 정확한 목표의 발견, 개성과 협동의 완벽한 균형, 자신감 향상을 가져온 태권도는 지난 10년간 내 인생에서 가장 좋은 부분이었다. 월드클래스 태권도가 나를 지금의 나로 만들었다고 확신한다.